ENGLISH NEXT

A1

Starter

Myriam Fischer Callus

Hueber

English NEXT
Starter

Student's Book
Myriam Fischer Callus (Autorin)
Birgit Meerholz-Härle (Beraterin)

Companion / Reference
Gernot Häublein
Gareth Hughes

Übungen Internet / CD-ROM
Alexandra Haas
Anne Preier

English NEXT Team
Myriam Fischer Callus (Fachbereichsleiterin Englisch, VHS Aschaffenburg; Projektleiterin EuroIta, BVV, München), Alexandra Haas (Fachbereichsleiterin, VHS Rhein-Sieg), Gernot Häublein (Altfraunhofen/Landshut), Gareth Hughes (Projektleiter Sprachen für die Klubschulen Migros, Zürich), Dr. Birgit Meerholz-Härle (Kursleiterin und Fortbildnerin, Rösrath/Köln), Birgit Polzin (Fachbereichsleiterin Sprachen, VHS Calenberger Land), Anne Preier (Kursleiterin und Fortbildnerin, Arbesbach, Niederösterreich), Olivia Rainsford (Kursleiterin, Erlangen), Karen Richardson (Kursleiterin, Göppingen), Monika Schenker (Fachbereichsleiterin, VHS des Vogelsbergkreises), Stuart Vizard (Kursleiter, Berlin)

3. 2. 1. | Die letzten Ziffern
2010 09 08 07 06 | bezeichnen Zahl und Jahr des Druckes.
Alle Drucke dieser Auflage können, da unverändert, nebeneinander benutzt werden.
1. Auflage

Verlagsredaktion: Rebecka Howe, München
Umschlag und Gestaltungskonzept: Alois Sigl
Layout: Design Im Kontor, Iris Steiner, München
Zeichnungen: Martin Guhl, Duillier, Schweiz
Druck: Appl, Wemding
Bindung: Ludwig Auer GmbH, Donauwörth
Printed in Germany
ISBN 3-19-002930-X

Welcome to English NEXT!

Sie erhoffen sich von Ihrem Englischkurs spürbare Lernfortschritte? Sie möchten Ihr Lerntempo mitbestimmen können und mit Freude am Unterricht teilnehmen? Und jederzeit sicher sein, dass Sie das, was Sie gelernt haben, auch tatsächlich können? Mit *English NEXT* ist das kein Problem. Unterhaltsame Themen machen neugierig, vielfältige Übungen sorgen für erfrischende Abwechselung und regelmäßige Tipps zeigen auf, wie Sie persönlich am besten lernen können. Doch orientieren Sie sich zunächst einmal, was *English NEXT* Ihnen alles zu bieten hat:

Woraus besteht mein Lernpaket?

Da ist zunächst einmal das Kursbuch (Student's Book)

- mit 6 thematischen Einheiten (**Units**)
- jeweils mit 4 Aspekten A, B, C, D als unterrichtliches Kernmaterial
- und 2 weiteren Aspekten E, F als Zusatzmaterial für den Unterricht (**Plus**)
- sowie 3 Wiederholungseinheiten (**Consolidation**)
- und zusätzlichen Lesetexten im **Reading Club**.
- Zu den 6 Units gibt es zusätzliches Übungsmaterial für die häusliche Nacharbeit (**Homestudy**).

Zwei zusätzliche Booklets

- NEXT Reference
- NEXT Companion

enthalten den Wortschatz, zusammenfassende Grammatik, Texte der Tonaufnahmen und den Lösungsschlüssel aller Übungen.

- Auf der beiliegenden **CD** finden Sie das gesamte kursbegleitende Hörmaterial sowie – bei Verwendung eines Computers – zusätzliches Übungsmaterial.
- Und wenn Sie Internet-Zugang haben, dann finden Sie weiteres Übungsmaterial und interessante Links unter **www.hueber.de/next**.

Wie lerne ich im Kurs?

Ihre Kursleiterin/Ihr Kursleiter führt Sie sicher durch die Units des *Student's Book*. Hier die wichtigsten Merkmale am Beispiel von Unit 6:

- Das Thema einer Unit wird mit den **Aspekten A – F** aus unterschiedlichen Blickwinkeln beleuchtet (s. S. 52-57 bzw. S. 72-73).
- Innerhalb der Übungen finden Sie Kästchen **„Focus on ..."** (s. S. 54-55). Hierbei handelt es sich um kurze Hinweise zu Besonderheiten im Wortschatz, der Grammatik, Landeskunde oder der gesprochenen Sprache – nützlich zu wissen!
- In der linken schmalen Spalte einer Seite zeigt Ihnen das **CD-Symbol** den Einsatz von Hörmaterial an, z.B. auf S. 55 sagt Ihnen die Ziffer 87, dass der Dialog zwischen Amy und Martin auf Spur 87 der CD zu hören ist.
- Außerdem finden Sie in der Randspalte **Verweise** auf andere Teile Ihres Lernpakets, z.B. auf S. 56: Zu den Übungen C1, C2 gibt es die zusätzlichen Übungen H6, H8, H9 für zu Hause im violett gekennzeichneten *Homestudy*-Teil der Unit 6, S. 94-95.
  Oder auf S.56 ein Querverweis auf *NEXT Companion* S. 45 mit weiteren Erläuterungen zu *Focus on Vocabulary* bzw. auf S. 54 der Verweis auf S. 17 von *NEXT Reference* zu *Focus on Grammar*.
- Die in der Randspalte blau hinterlegten Kästchen **Exploring learning** (z.B. S. 54) verweisen auf S. 58, wo Sie mehrere Tipps zum Wortschatzlernen finden.

- Die Symbole Erdkugel (z.B. S. 56) und @work (z.B. S. 95) signalisieren, dass etwas landeskundlich bzw. beruflich bedeutsam ist.
- Die Consolidation-Units ermöglichen es Ihrer Lehrkraft, alle 2 Units den Lernzuwachs Ihres Kurses zu bestimmen und flexibel das Lerntempo darauf abzustimmen.

Wie lerne ich zu Hause?

Die Nacharbeit des im Kurs Gelernten gibt Ihnen zusätzliche Sicherheit und zeigt Ihnen auch, was Sie schon richtig gut können – oder Sie stellen fest, dass noch ein bisschen mehr lernen nicht verkehrt wäre.

- Im Student's Book enthalten ist der mit violettem Balken gekennzeichnete Homestudy-Teil (S. 78-95). Ihn sollten Sie zu Ihrer eigenen Absicherung regelmäßig bearbeiten.
- NEXT Reference unterstützt Sie im Kurs und zu Hause beim Nachschlagen von Wörtern; die häufigsten Wörter der englischen Sprache sind dabei gekennzeichnet. Sie erhalten einen Überblick über die gesamte Grammatik des Student's Book und haben einen Lösungsschlüssel zu allen Übungen.
- NEXT Companion begleitet Sie mit einem unitweisen Wortschatz, der zur besseren Merkfähigkeit mit Lerntipps zum Vokabellernen und in überschaubaren Lernportionen aufbereitet ist. Your link to the Portfolio hilft Ihnen, Ihre Lernfortschritte zu planen und zu dokumentieren.
- Wenn Sie darüber hinaus ein wenig auf Englisch lesen wollen, dann schmökern Sie entspannt im Reading Club (s. S. 74-77). Die Texte sind unterhaltsam, überfordern nicht und schenken Ihnen zusätzliches Selbstvertrauen.

- Die Audio-CD ist gleichzeitig eine CD-ROM, mit der Sie die Aussprache des alphabetischen und chronologischen Wortschatzes hören und mit Ihrer eigenen Aussprache vergleichen können.
- Wenn Sie Internet-Zugang haben, dann klicken Sie auf www.hueber.de/next (direkt auch über die CD-ROM) und Sie entdecken nicht nur weitere Übungen, sondern auch Links zu interessanten landeskundlichen Phänomenen.

Wie kann ich meinen persönlichen Lernfortschritt einschätzen?

Im Sinne der europäischen Integration hat der Europarat einen „Gemeinsamen Europäischen Referenzrahmen" für den Fremdsprachenerwerb entwickelt, um Sprachenlernen innerhalb Europas vergleichbar zu machen. In 6 Stufen (A1, A2, B1, B2, C1, C2) wird konkret beschrieben, was ein Lerner auf der jeweiligen Stufe in der Fremdsprache können müsste. Damit können auch Sie selber sich in Ihrer Fremdsprachenkompetenz einschätzen.
English NEXT ist Ihnen dabei eine große Hilfe, indem am Ende einer jeden Unit (z.B. S.58 in Unit 6) unter Exploring my progress aufgezeigt wird, was Ihnen konkret in der Unit vermittelt wurde.
Was ist, wenn Sie sich nicht sicher sind? Kein Problem mit *English NEXT*. Die roten Buchstaben/Ziffern-Kombinationen rechts neben den Kästchen zeigen Ihnen, wo Sie nochmals nachlernen können: in der Unit, im *Homestudy*-Teil oder im NEXT-Portal (z.B. Code für Unit 6: XS06) im Internet.
Ihren persönlichen Lernprozess und -erfolg steuern Sie letztendlich auch, indem Sie darüber nachdenken, welche der Lerntipps für Sie besonders hilfreich sind und wie Sie besonders erfolgreich lernen können. Treffen Sie darüber eine bewusste Entscheidung, indem Sie den Abschnitt Your link to the Portfolio im *NEXT Companion* durcharbeiten. So planen Sie Ihren Lernfortschritt bewusst und erfolgreich.

Wir wünschen Ihnen viel Freude und Erfolg mit English NEXT!
Ihr NEXT Team

Contents

Unit 1

You and me – people from Europe

What's your name?

Where are you from?

1

A International words

Homestudy H1

A1 Match the words with the pictures.
Sie kennen sicher einige dieser „internationalen“ Wörter. Ordnen Sie die Wörter den Bildern zu.

☐ bus	☐ jeans	☐ pullover	☐ pizza
☐ salad	☐ sandwich	☐ club	☐ bar
☐ T-shirt	☐ museum	☐ car	1 taxi

Homestudy H2

A2 Write the words in A1 under these headings.
Schreiben Sie die Wörter in A1 unter die Überschriften.

Exploring learning p. 14

TIPP Wortfelder

free time	transport	clothes	food
	taxi		
	bus		
	car		

Now write these words in the correct column.
Schreiben Sie diese Wörter in die passende Spalte.

theatre | toast | jacket | helicopter

A3 Work in pairs. Match the words below with words in A2.
Arbeiten Sie zu zweit. Kombinieren Sie die folgenden Wörter mit Wörtern aus A2, so dass sich ein neues Wort ergibt.

Exploring learning p. 14

TIPP Wortpartner

bus driver ______ tomato ______ sports ______

blue ______ modern ______

1-3

A4 Listen to the announcements.

Hören Sie die Ansagen. Worum geht es? Markieren ✓ Sie die richtige Antwort.

	transport	food	free time
1.			
2.			
3.			

A5 Work in groups of three. Think of other international words.

Arbeiten Sie zu dritt. Kennen Sie andere internationale Wörter? Wählen Sie drei Wörter aus, die Sie nützlich finden, und berichten Sie dem Rest des Kurses.

B Hello, I'm Susan

B1 Match the dialogues with the pictures.

Ordnen Sie die Dialoge den Bildern zu.

1. Susan: Hello, I'm Susan.
   Tony: Hi, Susan. I'm Tony.

2. Anna: Good evening. My name's Anna Bart. I'm your English teacher. What's your name, please?
   Rudi: Good evening. I'm Rudi Kobler and this is Gabi.

4-5

Now listen, read and repeat.

Hören Sie. Dann lesen und wiederholen Sie.

Focus on spoken English

Im gesprochenen Englisch verwendet man Kurzformen.

I'm ...	=	I am ...
My **name's** ...	=	My name is ...
What's ...?	=	What is ...?

B2 Read and complete the dialogues with *I* or *my*.

ence 22, 23

Lesen Sie die Dialoge und ergänzen Sie *I* oder *my*.

1. John: Hello, ________'m John.
   Maria: Hello, John. ________ name's Maria.

2. Amy: Hello, ________ name's Amy. What's your name?
   Jane: Hi, Amy. ________'m Jane.

Focus on grammar

I	**I**'m John.
my	**My** name's Maria.

6-7

Now listen and check.

Hören Sie die Dialoge und prüfen Sie Ihre Antworten.

B3 **Work in pairs. Ask and say your name.**
Arbeiten Sie zu zweit. Fragen Sie nach dem Namen und antworten Sie.
Example: *Vikki:* *Hello, I'm Vikki. What's your name?*
Rudi: *Hi, I'm Rudi.*

Focus on vocabulary
Wenn man Leute vorstellt, sagt man „This is ..."

B4 **Now work in groups of three. Introduce your partner.**
Arbeiten Sie zu dritt. Stellen Sie Ihren Partner/Ihre Partnerin vor.
Example: *Rudi:* *Vikki, this is Gabi.*
Vikki: *Hello, Gabi.*
Gabi: *Hello, Vikki.*

8
Homestudy H3

B5 **Listen and read the dialogue.**
Hören Sie den Dialog und lesen Sie.

- Good morning, Ms Anderson. This is Joe Cappello from Eurotec.
- Nice to meet you, Mr Cappello.
- Nice to meet you, too.

Companion p. 8

Focus on vocabulary
In formellen Situationen verwendet man Mr und Ms.

B6 **Match the greetings and replies.**
Ordnen Sie die Begrüßungen den Antworten zu.

1. Good evening, I'm Mary Scott. — a Nice to meet you, too, Ms Bart.
2. Hello, Susan. — b Good evening, Ms Scott.
3. Nice to meet you, Mr Kobler. — c Hello, Tony.

Now greet the others in your class.
Begrüßen Sie die anderen im Kurs. Entscheiden Sie, ob Sie sich z.B. mit „Hello" begrüßen möchten oder mit „Nice to meet you".

B7 **Complete the word wheel.**
Vervollständigen Sie den Wort-Igel zum Thema „sich begrüßen".

Exploring learning p. 14

TIPP Wort-Igel

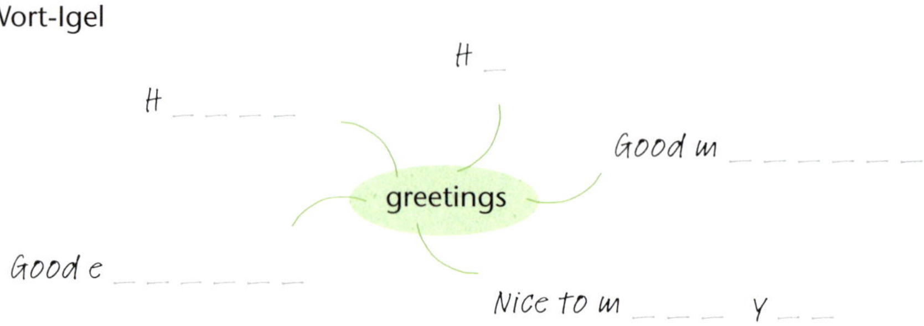

C Where are you from?

C1 **Look at the map of Europe. Where are these famous people from? Match the pictures with the countries.**
Schauen Sie sich die Europakarte an. Woher kommen diese berühmten Personen? Ordnen Sie den Bildern Ländernamen zu.

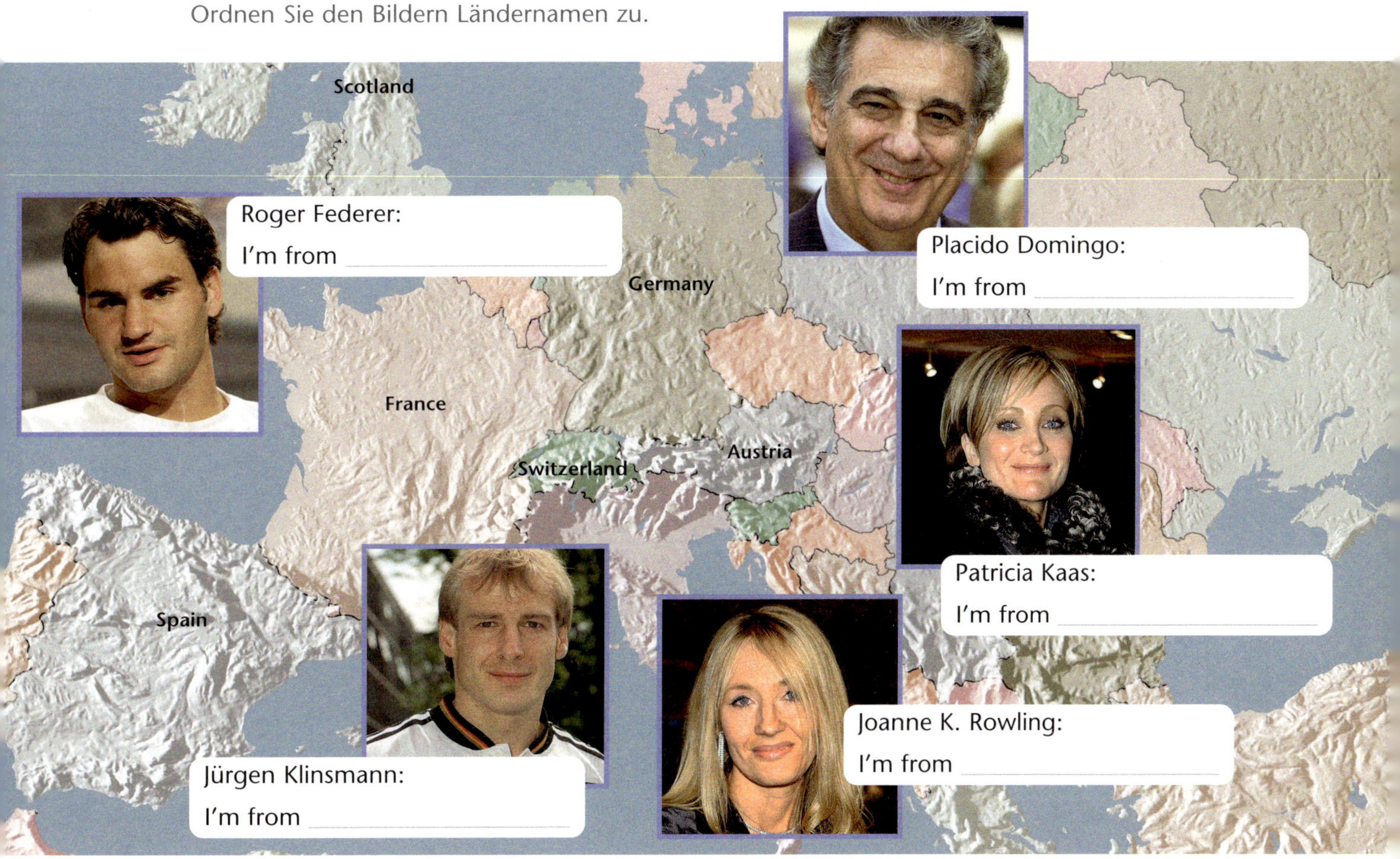

Roger Federer:
I'm from ____________

Placido Domingo:
I'm from ____________

Patricia Kaas:
I'm from ____________

Joanne K. Rowling:
I'm from ____________

Jürgen Klinsmann:
I'm from ____________

study
5

C2 **Number the sentences and put them in the right order.**
Bringen Sie die Sätze in die richtige Reihenfolge.

- [ ] Sandra: I'm from Austria, from Graz.
- [ ] Sandra: Hi, Roberto. Where are you from?
- [ ] Sandra: I'm Sandra.
- [1] Vikki: Hello, Sandra.
- [ ] Sandra: Hi, Vikki.
- [ ] Roberto: I'm from Italy, but I live in Luxembourg. Where are you from?
- [ ] Roberto: And what's your name again?
- [ ] Vikki: Sandra, this is Roberto.

9

Now listen to the dialogue and check.
Hören Sie den Dialog und prüfen Sie Ihre Antworten.

ence pp. 22, 23

Focus on grammar

you	Where are **you** from?
your	What's **your** name?

Homestudy H6, H7

C3 **Match the country with the nationality.**
Vervollständigen Sie die Liste mit den Ländernamen und den Nationalitäten.

Switzerland | Austrian | American | France | Belgium | Scotland | Italy | German | Spain | Greek

country	nationality
	French
Germany	
	Spanish
USA	
	Belgian
	Swiss
Austria	
	Italian
Greece	
	Scottish

Homestudy H8, H9, H10, H11

C4 **Read and answer the questions.**
Beantworten Sie die Fragen.
Example: My name's Urs. I'm from Switzerland.
I'm Swiss.

What's your name?

____

Where are you from?

____

What nationality are you?

____

Ask the rest of the class and complete the chart.
Fragen Sie die anderen Kursteilnehmer und füllen Sie die Tabelle aus.

MY CLASS			
Name			
Country			
Nationality			

Ask your teacher for help.
Bitten Sie den Kursleiter/die Kursleiterin um Hilfe.
Example: What's 'Russisch' in English, please?

Homestudy H12

C5 **Count the syllables.**
Zählen Sie die Silben.
Italy (It-al-y = 3 syllables) *Poland (Po-land = 2 syllables)* *France (1 syllable)*

Put the countries in the three columns.
Schreiben Sie die Ländernamen in die Spalte mit der passenden Silbenzahl.

Austria | Scotland | Switzerland | Ireland | Greece | Turkey | Spain | Belgium | Russia | Germany

3	2	1
Italy	Poland	France

10

Now listen and repeat.
Hören Sie und wiederholen Sie.

11-13

C6 **Where is the music from? Listen and fill in.**
Woher stammt die Musik? Hören Sie und tragen Sie ein Land ein.

music	1	2	3
country	______	______	______

D Hello and goodbye

D1 **Match the words with the opposites.**
Verbinden Sie die Wörter in der linken Spalte mit den Wörtern, die das Gegenteil ausdrücken.

ring learning p. 14

TIPP Wörter und ihr Gegenteil

yes	hello
hi	no
goodbye	bye

D2 **Complete the chant.**
Ergänzen Sie den Vers mit den Wörtern aus D1.

I say "hi" – you say ______________.

I say ______________ and you say "no".

I say "hello" and you say ______________.

14

Now listen and check.
Hören Sie und prüfen Sie Ihre Antworten.

15

D3a **Listen to people saying goodbye. Match the names.**
Hören Sie die Dialoge. Wer verabschiedet sich von wem?

Mr Smith	Tony
Anna	Diana
Gabi	Rudi

study
114
nion p. 10

D3b **Complete the dialogue.**
Vervollständigen Sie den Dialog.

Focus on spoken English
„Goodbye" ist formeller als „bye".

Rudi: Bye, Anna.

Anna: ______________, Rudi. See ______________ next week!

Rudi: Yes, see you!

D4 **Say goodbye to your teacher and to the rest of the class.**
Verabschieden Sie sich von Ihrem Kursleiter/Ihrer Kursleiterin und vom Rest des Kurses.

Exploring my progress

Am Ende dieser Unit kann ich …

… mich vorstellen.	☐	☐	B3, B6, H3, H4, H5
… fragen, wie jemand heißt.	☐	☐	B3, H4
… zwei Personen miteinander bekannt machen.	☐	☐	B4, H3, H5
… jemanden begrüßen und mich verabschieden.	☐	☐	B3, B4, B6, D4, H13
… sagen, woher ich komme und fragen woher jemand kommt	☐	☐	C2, C4, H4, H8
… kurze, einfache Sätze über mich selbst schreiben.	☐	☐	C4, H11
… einzelne Wörter verstehen, z.B. in kurzen Ansagen	☐	☐	A4

Online-Übungen → S. 80

Exploring learning

Wenn man eine Sprache fließend beherrschen möchte, sollte man über einen größeren **Wortschatz** verfügen. Aber wie Sie sicher selbst schon festgestellt haben, ist es gar nicht so einfach, Wörter zu lernen und zu behalten. Hier sind einige Tipps, die Ihnen beim Wortschatzlernen helfen.

A2 TIPP 1 Wortfelder
Sie können Wörter nach den Sachgebieten oder Themen ordnen, zu denen sie gehören, und sich dann diese Wortgruppen einprägen (z.B. transport: bus, taxi, car).

A3 TIPP 2 Wortpartner
Sie können Wörter in den Wortkombinationen lernen, in denen sie häufig vorkommen (z.B. bus driver).

B7 TIPP 3 Wort-Igel
Oder schreiben Sie den Begriff bzw. das Thema, zu dem Sie Wörter lernen möchten, in die Blattmitte. Ordnen Sie die Wörter, die zu diesem Begriff gehören, dann um diesen herum an (z.B. Wort-Igel zu greetings).

D1 TIPP 3 Wörter und ihr Gegenteil
Versuchen Sie doch einmal, ein Wort gleich zusammen mit seinem Gegenteil zu lernen (z.B. yes – no).

Wie lernen Sie am liebsten?
Sie haben wahrscheinlich während Ihrer Schulzeit oder auch später schon einige Tipps dazu erhalten, wie man Wörter am besten lernen kann. Nicht jeder Lerner findet aber jeden Tipp gleich sinnvoll oder nützlich. Menschen lernen ganz unterschiedlich, und es gibt nicht *den* Weg zum Erfolg. Wenn man allerdings weiß, welcher Weg oder welche Lernstrategie für einen selbst am besten ist, lernt man wesentlich leichter und effektiver. Sehen Sie sich doch noch einmal die Lerntipps zum Wortschatz an: Wie können Sie sich Wörter am besten einprägen?

Companion S. 62 → Im Abschnitt Your link to the Portfolio finden Sie Hinweise, wie Sie Ihren Lernfortschritt planen und überdenken können.

Lernen außerhalb des Englischkurses
Wenn Sie diese Woche mit der U-Bahn, dem Zug oder mit dem Bus unterwegs sind, können Sie sich die Wörter aufschreiben, die Sie schon auf Englisch sagen können. Versuchen Sie, pro Tag ein neues Wort zu lernen. Schreiben Sie es auf einen Klebezettel und hängen Sie es an eine Stelle, die Sie oft sehen.

Unit 2

People in my life

How are you?

What's your telephone number?

A How are you?

20-22

A1 Listen and complete.

Hören Sie die Dialoge und vervollständigen Sie die Sätze.

1 Alex: Good morning, Isabelle. How are you today?
Isabelle: Good __________, Alex.
I'm fine, thanks. And you?
Alex: Very well, thank you.

2. Monika: Are you Katrin?
Petra: No, ______ ______. I'm Petra.
Monika: Ah, yes! That's right. How are you, Petra?
Petra: I'm OK, thank you.

3. Anja: ______ your name again?
Viola: ______ ______ Viola.
Anja: Hi, Viola, how ______ you today?
Viola: Not too bad, thank you.
Anja: Where ______ ______ from?
Viola: I'm from here.

Reference p. 8

Focus on grammar

Fragen und Kurzantworten

- **Are you** Katrin?
- **Yes, I am. / No, I'm not. I'm ...**

- **Are you** from here?
- **Yes, I am. / No, I'm not.**

A2 Work in pairs. Ask and answer.

Arbeiten Sie zu zweit. Fragen und antworten Sie.

1. Are you Pierre/Natalie?
2. Are you Swiss?
3. Are you from Poland?

A3 Now read the dialogues in A1 again and find four answers to the greeting "How are you?" Complete the word wheel.

Lesen Sie noch einmal die Dialoge in A1 und finden Sie vier Möglichkeiten, auf die Frage „How are you?" zu antworten.

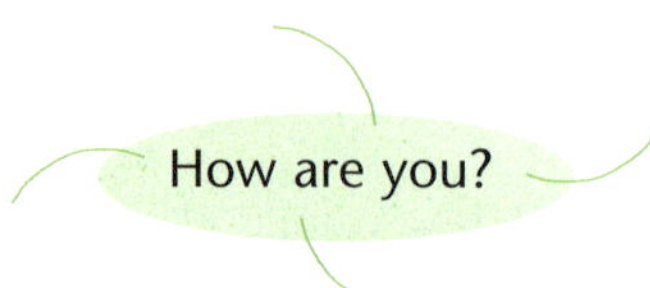

2

A4 **Work in pairs. Put the answers on the scale.**
Arbeiten Sie zu zweit. Versuchen Sie, die Antworten aus A3 von „sehr gut" bis „geht so" einzustufen.

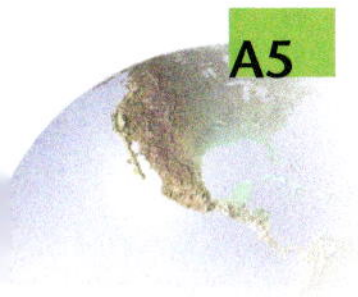

A5 **How are you? – What do you say in your country?**
Im Englischen gehört „How are you?" (Wie geht's?) mit zur Begrüßung. Man antwortet auf diese Frage nicht mit ausführlichen Details zum Wohlbefinden, sondern reagiert mit Kurzantworten, die von „very well" (sehr gut) bis „not too bad" (geht so) reichen können.
Wie ist dies in Ihrem Land? Wie reagieren Sie auf die Frage „How are you?"

A6 **Look at A1 again and find examples of short forms in the dialogues.**
Schauen Sie sich erneut die Dialoge in A1 an und suchen Sie Kurzformen.

Focus on spoken English
Im gesprochenen Englisch verwendet man häufig Kurzformen oder Satzteile werden verkürzt.
I'm fine, thanks. → Fine, thanks!

tudy H1 **A7** **Now greet two other students in class.**
Begrüßen Sie zwei Personen in Ihrem Kurs. Verwenden Sie dabei die Frage „How are you?"

B My family

tudy **B1** **Put the "family words" in two groups.**
Ordnen Sie die Wörter aus dem Bereich „Familie" in zwei Gruppen.

father | mother | sister | brother | girl | boy | daughter | son | wife | husband | grandmother | grandfather

23 **B2** **Listen to Lino talking about his family. Look at the family words in B1. Underline the words you hear.**
Hören Sie, was Lino über seine Familie erzählt. Schauen Sie sich die Wörter in B1 an und unterstreichen Sie die Wörter, die Sie hören.

23

B3 **Listen again and complete the family tree.**
Hören Sie den Text noch einmal und vervollständigen Sie Linos Stammbaum.

Homestudy H4

B4 **Read and complete the sentences with *he* or *his* and *she* or *her*.**
Lesen Sie die folgenden Sätze und ergänzen Sie *he* oder *his* und *she* oder *her*.

Lino is from Malta. _____ has two children, a boy and a girl. _____ daughter, Amanda, lives in England. _____ son, Philip, works in London. _____ speaks a little German. Lino has a brother and a sister. _____ sister lives in Germany. _____ name is Myriam. _____ is a teacher. Every Sunday _____ phones _____ mother. _____ lives in Sliema.

Reference p. 23

Focus on grammar

she → her	**She** lives in England. **Her** name is Amanda.
he → his	**He** works in London. **His** name is Philip.

B5 **Read the sentences in B4 again and underline the verbs. Now write the verbs in the table.**
Lesen Sie noch einmal die Sätze und unterstreichen Sie die Verben. Tragen Sie diese in die Tabelle ein.

He/She	lives
	_____
	_____
	_____
	_____
	_____

Exploring learning p. 22

TIPP Tabellen und Zeichnungen

Reference pp. 9, 12, 14

Focus on grammar

Verben in der 3. Person Singular
She live**s** in Germany. He work**s** in London.

„have" und „be" in der 3. Person Singular
He **has** two children. She **is** a teacher. (She's a teacher.)

B6 **Draw your family tree. Then write five sentences.**
Zeichnen Sie Ihren eigenen Stammbaum. Schreiben Sie dann fünf Sätze.
Example: I have a brother. He lives in the USA.

Exploring learning p. 22

TIPP Eselsbrücken

B7 **Work in pairs. Show your family tree and talk about it.**
Arbeiten Sie zu zweit. Zeigen Sie Ihrem Partner Ihren Stammbaum und sprechen Sie über Ihre Familie.
Example: Isabelle is my sister.

C The chat group

C1 **Read this message. Which information is true for your English class?**
Lesen Sie diese Nachricht. Was trifft auch auf Ihren Englischkurs zu?

Senden Chat Anhang Adressen Schriften Farben Als Entwurf sichern Größer

Hi,
We're ten language students at an evening school in Aschaffenburg. We have two English teachers from England. They're very nice. Their names are Sarah and Suzanne. They speak a little German.

Our school is very good. Aschaffenburg is a small town in Germany. We're not all from Germany. We come from many different countries – from Turkey, Poland, Greece and the Czech Republic. We're all friends now. We love English. Please write soon about your English class!

udy H5, H6

Read the text again and highlight ***we, our, they, their.***
Lesen Sie den Text noch einmal und markieren Sie *we, our, they, their.*

ring learning p. 22

TIPP Farbige Hervorhebungen

nce pp. 9, 23

Focus on grammar

we → our
We're students. (We are students.)
Our teachers come from England.

they → their
They're English. (They are English.)
Their names are Sarah and Suzanne.

Now work in pairs. Complete the information about your English class.
Arbeiten Sie zu zweit. Ergänzen Sie die Informationen über Ihren Englischkurs.

We're ________ language students. Our English teacher is from ________________. We speak a little English. Our school is in ________________. We come from ________________ ...

udy H7
nce p. 19

C2 **Write the singular form of these words from the text in C1.**
Schreiben Sie die folgenden Wörter aus dem Text im Singular.

students | teachers | countries | friends

Focus on grammar

Singular- und Pluralformen
student → students   teacher → teachers

Aber:
child → children   country → countries

ng learning p. 22

TIPP Regelmäßigkeiten entdecken

C3 **Look at the photos of these people. Match the sentences with the photos.**
Schauen Sie sich die Fotos an und verbinden Sie sie mit den Sätzen 1.-4.

1. They're teachers.
2. They're from the Ukraine.
3. They're from Ireland.
4. They're film stars.

Homestudy H9, H10

C4 **Complete the sentences with *they* or *their*.**
Ergänzen Sie in den folgenden Sätzen *they* oder *their*.

1. Sarah and Suzanne are English teachers. ______ speak a little German. ______'re friends.
2. Vitali and Vladimir Klitschko are famous brothers. ______ are boxers. ______ parents live in the Ukraine.
3. U2 is a rock band from Ireland. Adam, Bono, Larry and Dave are good friends and ______ live in Dublin. ______ give concerts in lots of different countries.
4. Catherine Zeta Jones and Michael Douglas are famous Hollywood film stars. ______ have a son and a daughter, Dylan and Carys. ______ children have Welsh names. Catherine is from Swansea in Wales.

24

Now listen and check.
Hören Sie die Sätze und prüfen Sie Ihre Antworten.

C5 **Work in pairs. Think of a famous pair or group of people.**
Arbeiten Sie zu zweit. Wählen Sie ein bekanntes Paar oder eine Gruppe und schreiben Sie ein kurzes Profil, indem Sie die Sätze vervollständigen.

Profile of a famous pair

They're ______________________

They speak ______________________

They come from ______________________

They live in ______________________

Now work with another pair of students.
Arbeiten Sie mit einer anderen Zweiergruppe. Lesen Sie sich gegenseitig die Sätze vor und raten Sie, welche Personen beschrieben werden.
Example: ● *Are they ... ?* ▼ *Yes, they are. / No, they're not.*

Reference p. 8

Focus on grammar
Fragen und Kurzantworten im Plural
Are they Tom and Jerry? → **Yes, they are. / No, they're not.**

D Phone calls and numbers

25

D1 Listen and repeat.

Hören Sie und wiederholen Sie die Zahlen.

1 one	2 two	3 three	4 four	5 five
6 six	7 seven	8 eight	9 nine	10 ten

Study H12

D2 Match the numbers and the words.

Ordnen Sie die Ziffern den Zahlwörtern zu.

1	three	6	eight
2	four	7	six
3	two	8	ten
4	five	9	nine
5	one	10	seven

D3 Say these telephone numbers.

Sagen Sie die folgenden Telefonnummern.

0049 6091 3968860 0044 20 7233 5520 001 202 467 5251

26

Now listen and repeat.

Hören Sie und wiederholen Sie.

Focus on spoken English

Bei Telefonnummern sagt man z.B.: 88 – double eight (UK)
0 – oh (UK)
0 – oh (US)

27

D4a Listen to the phone call and tick ✓ the number you hear.

Markieren Sie die Telefonnummer, die Sie hören.

☐ 07710-744 718 ☐ 07710-744 728

D4b Listen again and put the sentences in the right order.

Hören Sie noch einmal und bringen Sie die Sätze in dem Telefonat in die richtige Reihenfolge.

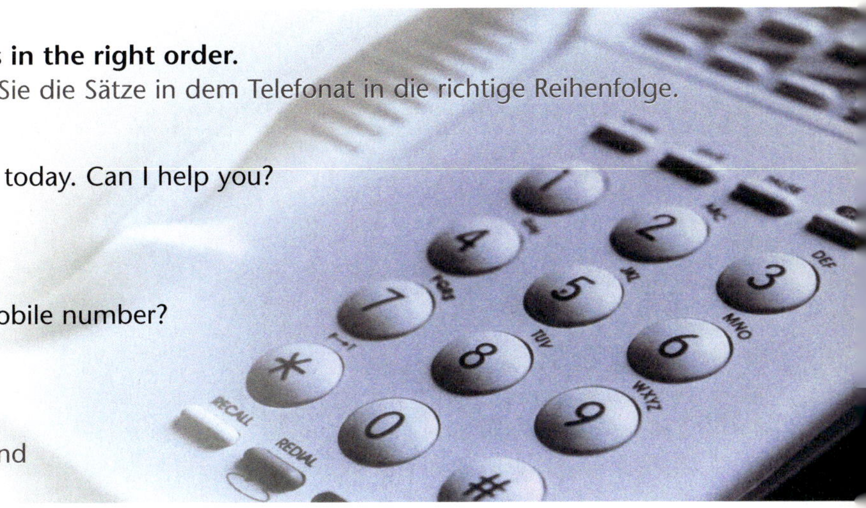

- [1] Euromed. Good morning.
- ☐ Sorry, Ms Jones isn't in the office today. Can I help you?
- ☐ Thank you! Goodbye!
- ☐ It's 07710-744 718.
- ☐ Good morning. – Ms Jones?
- ☐ Could you please give me her mobile number?
- ☐ Goodbye.

27

Now listen again and check.

Hören Sie den Dialog noch einmal und prüfen Sie Ihre Antworten.

Study H12

D5 Work in groups. Ask other students for their telephone number and fill in the table.

Arbeiten Sie in Gruppen. Fragen Sie die anderen nach ihrer Telefonnummer und tragen Sie diese in die Tabelle ein.

Example: ● *Sandra, what's your telephone number, please?*
▼ *It's 214 431 60.*

Class telephone numbers

Name			
Tel no			

Exploring my progress

Am Ende dieser Unit kann ich …

… jemanden fragen, wie es ihr/ihm geht und sagen, wie es mir geht.	☐	☐	A1, A3, A7, H1
… ein paar einfache Sätze über meine Familie/Freunde schreiben (z.B. I have a brother.).	☐	☐	B6, C5, H4, H5, H9
… in einfachen Sätzen über meine Familie oder andere Leute sprechen (z.B. Isabelle is my sister.).	☐	☐	B7, H10
… andere nach ihrer Telefonnummer fragen und meine eigene angeben.	☐	☐	D3, D5, H12

Online-Übungen → S. 82

Exploring learning

B5 TIPP 1 Tabellen und Zeichnungen
Haben Sie schon einmal Tabellen, Diagramme oder Zeichnungen zum Lernen von Grammatik verwendet? Diese graphischen Darstellungen zeigen Regelmäßigkeiten in der Sprache auf. Sie können so das Lernen grammatischer Regeln erleichtern (z.B. der Verbformen).

B6 TIPP 2 Eselsbrücken
Probieren Sie es doch einmal mit Merksätzen! Erfinden Sie Sätze zu problematischen Themen, wie z.B. zu der Regel, dass die 3. Person Singular im Englischen ein ‚s' hat: „He, she, it – das S muss mit." (z.B. He lives in Malta.)

C1 TIPP 3 Farbige Hervorhebungen
Es kann auch eine große Hilfe beim Entdecken grammatischer Regeln sein, bestimmte Elemente zu unterstreichen oder sie farbig zu markieren (z.B. Unterstreichen der Pronomen *we, our, they, their*).

C2 TIPP 4 Regelmäßigkeiten entdecken
Regelmäßigkeiten kann man natürlich auch ohne Tabellen entdecken. Regelmäßigkeiten, die man erkannt hat, oder Regeln, die man gelernt hat, kann man dann auch auf weitere Wörter übertragen (z.B. Pluralbildung).

Wie lernen Sie am liebsten?

Grammatikregeln rufen bei Lernenden sehr unterschiedliche Reaktionen hervor. Manche Lernende befürchten, dass sie beim Grammatiklernen erst einmal viele Fachbegriffe meistern müssen. Oder sie fühlen sich durch eine Vielzahl von Regeln überwältigt. Dabei muss Grammatik überhaupt nicht aus schwer verständlichen Regeln bestehen. Man kann stattdessen für sich selbst Regelmäßigkeiten entdecken und diese dann in eigene, leicht verständliche Worte fassen.

Welche Erfahrungen haben Sie selbst mit Grammatik gemacht? Helfen Ihnen persönlich grammatische Erklärungen beim Englischlernen, oder fühlen Sie sich durch Regeln eher eingeschränkt?

Companion S. 62 → Im Abschnitt Your link to the Portfolio finden Sie Hinweise, wie Sie Ihren Lernfortschritt planen und überdenken können.

Lernen außerhalb des Englischkurses

Nehmen Sie sich ein paar Minuten am Tag Zeit und sprechen Sie sich die Telefonnummern, die Sie kennen, laut vor.

33 **C1** **Look at the drawing of an English classroom. Listen to the dialogue and fill in the names of the students.**

Schauen Sie sich den Sitzplan aus einem Englischkurs an. Hören Sie und tragen Sie die Namen der Lernenden ein.

Check your answers with your partner.

Vergleichen Sie Ihre Antworten mit Ihrem Partner.

33 **C2** **Work in pairs. Look at the map of Europe. Listen again and mark the countries the students come from.**

Arbeiten Sie zu zweit. Schauen Sie sich die Europakarte an. Hören Sie noch einmal und markieren Sie die Länder, aus denen die Lernenden kommen.

C3 **Now draw your classroom as in C1. Write the names of the students and where they come from.**

Erstellen Sie für Ihren Kurs einen Sitzplan wie in C1. Notieren Sie die Namen der anderen Teilnehmenden und woher diese kommen. Fragen Sie:

What's your name again?
Where are you from?
Are you from …?

C4 **Read the information about Georgia and Marco for the school magazine. Choose the correct word for each gap.**

Lesen Sie, was über Georgia und Marco im Schulmagazin steht. Wählen Sie für jede Lücke das passende Wort.

1	is	am	are
2.	have	has	is
3.	there	they're	their
4.	are	is	am
5.	lives	live	have
6.	there	they	their

Welcome to the new students at The Edinburgh English Language School

Georgia ________ (1) a new student at the English Language School. She _____ (2) a brother, Marco. ______ (3) names are Italian. Their parents ______ (4) from Italy, but they _____ (5) in Graz. _____ (6) speak a little English. They love Edinburgh.

C5 **Look at the following documents and fill in the information card for Liz, the teacher of the English class in Edinburgh.**

Schauen Sie die folgenden Dokumente an und ergänzen Sie das Formular für Liz, die Englischlehrerin aus C1.

Information card

Name: ____________________

Nationality: *Scottish*

Address: ____________________

Telephone number: ____________________

Mobile number: ____________________

C6 **Now write a few sentences about her.**

Schreiben Sie ein paar Sätze über Liz.

Example: Liz Mitchell is an English teacher. She's from ...

C7 **Work in pairs. Make an information card for your partner. First write the questions, then ask your partner.**

Arbeiten Sie zu zweit. Erstellen Sie eine Info-Karte für Ihren Partner. Notieren Sie zuerst die Fragen und stellen Sie sie dann Ihrem Partner.

(Name) *What's your name, please?*

(Nationality) ____________________

(Address) ____________________

(Telephone number) ____________________

(Mobile number) ____________________

C8 **Collect all the information cards and make a class poster.**

Sammeln Sie die Karten und machen Sie daraus ein Poster für Ihren Kurs. (Sie können Ihre Karte auch in Ihr Sprachenportfolio legen).

Unit 3

Free time activities

What do you do in your free time?

Listen to music? Watch TV? Read the newspaper?

3

A What do you do in your free time?

A1 **What do you think the people in the photos do in their free time? Match the activities with the people.**
Was machen die Leute auf den Fotos in ihrer Freizeit?
Ordnen Sie die Aktivitäten den Personen zu.

1 ☐☐☐ ________

2 ☐☐☐ ________

3 ☐☐☐ ________

g

a

b

c

d

e

f

34-36

A2a **Listen to the three people and write the names of the people next to the photos in A1.**
Hören Sie und schreiben Sie die Namen der Leute neben die Fotos in A1.

Homestudy H1, H2

A2b **Listen again and fill in the gaps with the words below.**
Hören Sie noch einmal und tragen Sie die folgenden Wörter in die Lücken ein.

watch | read | play | listen to

1. Hello, I'm Sarah from England. After work, I'm very tired. I ________ TV or ________ a book.
2. Hi, my name's Diego. I work in a bank in Brazil. In my free time, I ________ hip-hop music or ________ computer games. I ________ football, too.
3. Hi, my name's Sam. I'm a taxi driver in Seattle. I have a lot of free time. I ________ videos, ________ the radio or ________ the newspaper. I ________ the guitar, too.

Check your answers with your partner.
Vergleichen Sie Ihre Antworten mit Ihrem Partner.

A3 **Complete the word wheels with the expressions from A2.**
Vervollständigen Sie die Wort-Igel mit Ausdrücken aus A2.

watch – TV

read – a book

play – computer games

listen to – music

A4 **Write three sentences about what you do in your free time. Include one activity that's not true. Use words from A3.**
Schreiben Sie drei Sätze über Ihre Freizeitaktivitäten. Zwei Sätze sollen wahr und einer soll nicht wahr sein. Verwenden Sie Wörter aus A3.
Example: In my free time, I play football.

1. In my free time, I ______________________________ .
2. ______________________________ .
3. ______________________________ .

Read your sentences to your partner. Can she/he guess which sentence is not true?
Lesen Sie die Sätze Ihrem Partner vor. Kann sie/er erraten, welcher Satz nicht stimmt?
Example: Sentence 1 is not true.

A5 **Now read about Sylke and find out how she spends her free time.**
Lesen Sie Sylkes Interneteintrag und finden Sie heraus, wie sie ihre Freizeit verbringt.

ring learning p. 32

TIPP Konzentration auf die gesuchten Informationen in einem Text

www.newintown.com

about me

Hi! My name's Sylke. I live in Dover but I'm from Germany. I work in Dover, too. In my free time, I go to a club to dance. I just love to dance! The music in the club comes from Cuba and the name of the dance is Salsa. It's the Spanish word for hot sauce. Salsa is just great! I like the loud music and the fast rhythm. It is fun and easy to learn. I don't smoke. I don't drink. Salsa keeps me fit. Are you a fan of Latin American music? Do **you** dance? Come to the Club Cubano!

Name: Sylke
Age: 28
Contact: mail
Country: Germany

In her free time, Sylke dances ______________ .

nion pp. 21, 22

Focus on spoken English
In der Umgangssprache und in informellen Texten wird oft das Wort 'just' zur Hervorhebung des Gesagten verwendet. *Examples:* I just love to dance! / Salsa is just great!

A6a **Read the text again and underline five key words.**
Lesen Sie den Text noch einmal und unterstreichen Sie fünf Schlüsselwörter.

ring learning p. 32

TIPP Schlüsselwörter in einem Text

A6b **Now find the word partners for these key words in the text: music, rhythm, time, sauce.**
Finden Sie Wortpartner für die folgenden Schlüsselwörter im Text.

______________ music ______________ time
______________ rhythm ______________ sauce

37

A7 **Listen to Sylke's dance music. Choose two words from A6b to describe it.**
Hören Sie Sylkes Tanzmusik. Beschreiben Sie diese Musik mit zwei Wörtern aus A6b.

B Do you play tennis?

B1 **Write five sentences about yourself. Use the verbs below. Look at A5 to help you.**
Schreiben Sie fünf Sätze über sich selbst. Verwenden Sie die angegebenen Verben und nehmen Sie A5 als Muster.
Example: I live in Salzburg. I don't listen to hip-hop music.

live | work | play | drink | listen to

I live in ______________________________

____

____

Reference pp. 14, 15

Focus on grammar
Verneinung
I listen to salsa music. **I don't** (do not) listen to hip-hop music.
We play tennis. We **don't** play golf.

Homestudy H3, H4

B2 **Work in pairs. Read your sentences to your partner. Find one thing you have in common. Tell the class.**
Arbeiten Sie zu zweit. Lesen Sie Ihrem Partner Ihre Sätze vor und finden Sie eine Gemeinsamkeit. Berichten Sie dem Kurs.
Example: We play tennis. We don't listen to the radio.

38

B3 **Listen to an interview with Sylke.**
Tick ✔ the things which are true for her.
Hören Sie ein Interview mit Sylke.
Markieren Sie, was zutrifft.

1. works in:	Germany ☐	England ☐
2. hobby:	salsa ☐	jazz ☐
3. languages:	Spanish ☐	Italian ☐
4. sport:	tennis ☐	salsa ☐

Reference p. 15

Focus on grammar
yes/no-Fragen und Kurzantworten
Do you speak Italian? – Yes, I **do**. / No, I **don't**.

Homestudy H5, H6, H7

B4 **Tick ✔ what is true for you.**
Beantworten Sie die folgenden Fragen und markieren Sie, was auf Sie zutrifft.

	you	**your partner**
Do you play computer games?	☐	☐
Do you speak Spanish?	☐	☐
Do you play football?	☐	☐
Do you have a mobile phone?	☐	☐
Do you listen to hip-hop music?	☐	☐

Then ask your partner.
Fragen Sie Ihren Partner und markieren Sie die Antworten.
Example: Do you play computer games? – Yes, I do. / No, I don't.

B5 **Find three people who play football, have a mobile phone and speak Spanish.**
Finden Sie jeweils drei Personen, die Fußball spielen, ein Mobiltelefon haben und Spanisch sprechen.

Ask and answer as in B4.
Stellen Sie Fragen und antworten Sie wie in B4. Notieren Sie die Namen.

	name	name	name
football			
mobile phone			
Spanish			

Now tell the class.
Berichten Sie dem Kurs.
Example: Peter speaks a little Spanish.

Remember
Peter speaks a little Spanish. (Unit 2, B5)

C Numbers

C1 **Read the BBC News and choose a headline.**
Lesen Sie den BBC-Bericht und wählen Sie eine Überschrift.

…ring learning p. 32

TIPP Das Wesentliche in einem Text verstehen

TV, kids and homework

No free time for children?

Salsa after work

BBC NEWS: Friday, 9 August
In the UK, children between six and sixteen spend fifteen hours a week on their free time activities and hobbies. Popular activities are dancing, football and listening to music.
The problem is that many children don't do their homework. They watch TV and play video or computer games two to three hours a day.

C2a **Read the text again and underline all the numbers. Write the numbers in digits.**
Lesen Sie den Text noch einmal und unterstreichen Sie alle Zahlwörter.
Schreiben Sie die Wörter, die Sie kennen.
Example: six = 6

39
…tudy
…0, H11

C2b **Listen and repeat.**
Hören Sie die Zahlen von elf bis zwanzig und wiederholen Sie sie.

11 eleven	12 twelve	13 thirteen	14 fourteen	15 fifteen
16 sixteen	17 seventeen	18 eighteen	19 nineteen	20 twenty

40-41

C3 **Listen to two conversations and correct the sentences below.**
Hören Sie zwei Gespräche im Büro und korrigieren Sie die Sätze.

1. Ms Taylor is in her office. It's room number eight.
2. The meeting is in room four.

Check your answers with a partner.
Vergleichen Sie Ihre Antworten mit einem Partner.

C4 **Work in pairs. Write down a number from 1-20. Your partner says what it is. Take it in turns.**
Arbeiten Sie zu zweit. Notieren Sie eine Zahl von 1-20.
Ihr Partner sagt jeweils die Zahl, die Sie geschrieben haben. Wechseln Sie sich ab.

42

C5 **Bingo! Listen and cross out the numbers you hear.**
Hören Sie und streichen Sie die Zahlen aus, die Sie hören. Rufen Sie „Bingo", wenn Sie alle Zahlen auf Ihrer Karte ausgestrichen haben.

Student A looks at this page.
Student B looks at page 59.
A spielt Bingo auf dieser Seite, B auf Seite 59.

BINGO

19	11	3
5	20	8
15	13	17

Student A

D Free time activities around the world

Homestudy H12

D1 **Look at the free time activities. Which country do you associate the activities with?**
Mit welchem Land verbinden Sie folgende Freizeitaktivitäten?

England | Russia | China | Turkey | Brazil | Japan | America | Argentina

basketball ________
table tennis ________
football ________
chess ________

karaoke ________
tango ________
cricket ________
backgammon ________

D2 **Read the second part of the BBC News about free time activities.**
Lesen Sie den zweiten Teil des BBC-Berichts über Freizeitbeschäftigungen in unterschiedlichen Altersgruppen in Großbritannien. Worum geht es in den jeweiligen Abschnitten?
Bevor Sie den Text lesen, verbinden Sie die Überschriften mit den möglichen Inhalten.

loring learning p. 32

TIPP Überschriften in einem Text

Pubs, clubs and the 18+ generation	young children don't do sports
Unfit kids	football project for young people
Night football for teenagers	young adults like to go out

BBC NEWS: Friday, 9 August

Unfit kids

Many children today aren't fit. "I phone my dad on my mobile and he drives me home from the station. It's only 10 minutes away from home but he thinks it's dangerous", says 12-year-old Carrie.
"I like hockey and netball but we don't have time for sports because we have so many exams", says Ben, 14.

Night football for teenagers

Lots of teenagers today don't know what to do in their free time. They meet their friends and spend the evenings in groups on the street. The town of Northampton has a new idea for them: the Streets Football Project. The town organizes football games in the parks at night. "The teenagers now come and play football. When they meet in the High Street, they are very loud and aggressive. This is better," says one of the project organizers.

Pubs, clubs and the 18+ generation

The 18+ generation spends hours with their friends in pubs, cafés or clubs. Some go to the pub every day after work. Lots of young adults today spend a lot of money in pubs. This group also likes to watch sports in pubs, like football, tennis or cricket.

D3a **Read the text again. Find the verb that goes with these words.**
Lesen Sie den Text noch einmal. Finden Sie das Verb, das zu diesen Wörtern passt.

the evenings
money
______
hours

D3b **Now underline all the free time activities and sports in the text.**
Unterstreichen Sie alle Freizeitbeschäftigungen und Sportarten, die Sie im Text finden.

D4 **How do people in your country spend their free time? Ask the others in class. Make a list.**
Wie verbringen die Menschen in Ihrem Land ihre Freizeit? Fragen Sie die anderen und erstellen Sie eine Kursliste.
Example: People in my country watch TV. Young people listen to music.

name	country	free time activity

Exploring my progress

Am Ende dieser Unit kann ich …

… sagen, was ich in meiner Freizeit mache.	☐	☐	A2, A4, D4, H2, H12
… einfache Sätze über mich selbst schreiben (z.B. I live in Berlin.).	☐	☐	A4, B1, H4, H8
… einfache persönliche Fragen stellen und beantworten (z.B. Do you speak English?).	☐	☐	B4, B5, H5-H7
… die Zahlen von 11–20.	☐	☐	C2b, C4, C5, H9-H11
… die Hauptinformationen in einfachen Texten finden.	☐	☐	C1, D2

Online-Übungen → S. 86

Exploring learning

A5 TIPP 1 Konzentration auf Informationen

Lesen Sie einen Text hauptsächlich, um ganz bestimmte Informationen zu bekommen? Dann versuchen Sie doch, sich nur auf das zu konzentrieren, was Sie wissen möchten. Lassen Sie sich nicht von unbekannten Wörtern im restlichen Text ablenken oder gar entmutigen.

A6 TIPP 2 Schlüsselwörter in einem Text

Eine sehr hilfreiche Strategie ist es auch, sich auf die wichtigen Wörter in einem Text zu konzentrieren. Schlüsselwörter übermitteln nämlich die Hauptinformationen im Text. Konzentrieren Sie sich also darauf, was über diese Schlüsselwörter gesagt wird oder wie sie beschrieben werden. So können Sie den Hauptinhalt von Texten leichter verstehen.

C1 TIPP 3 Wesentliches verstehen

Manche Texte will man gar nicht im Detail verstehen. Bei Zeitungsberichten möchte man zum Beispiel oft nur das Wesentliche über den Inhalt wissen und sich keine Details merken. Wenn dies Ihr Ziel ist, versuchen Sie doch, Einzelheiten und Nebensächlichkeiten zu ignorieren. Es macht gar nichts, wenn Sie dabei nicht jedes Wort verstehen.

D2 TIPP 4 Überschriften in einem Text

Eine große Unterstützung beim Lesen sind auch Überschriften. Sie deuten schon grob an, worum es im Text überhaupt geht, und können Ihnen damit das Lesen stark erleichtern. Überschriften über einzelnen Textabschnitten sind Wegweiser, die Sie sicher durch einen Text führen.

Wie lesen Sie?

Haben Sie sich schon einmal überlegt, wie Sie in Ihrer Muttersprache lesen? Ist Ihnen dabei aufgefallen, dass Sie bei unterschiedlichen Texten ganz unterschiedlich vorgehen? Wenn Sie in einem Text ganz bestimmte Informationen suchen (z.B. einen Eintrag in den *Gelben Seiten* des Telefonbuchs), konzentrieren Sie sich wahrscheinlich nur darauf und ignorieren den Rest. Wenn Sie einen Zeitungsartikel lesen, wollen Sie wahrscheinlich die wesentlichen Inhalte verstehen und merken sich nicht jedes Detail. Dies gilt für Muttersprache und Fremdsprache. Verlieren Sie also nicht den Mut, wenn Sie nicht jedes Wort verstehen. Das ist meist nicht nötig – weder in der Muttersprache noch in der Fremdsprache.

Companion S. 62 → Im Abschnitt Your link to the Portfolio finden Sie Hinweise, wie Sie Ihren Lernfortschritt planen und überdenken können.

Lernen außerhalb des Englischkurses

Wählen Sie ein Thema, das Sie besonders interessiert, und suchen Sie im Internet Informationen oder Texte dazu auf Englisch. Versuchen Sie, nur den allgemeinen Inhalt zu verstehen. Lassen Sie sich nicht von unbekannten Wörtern entmutigen, und denken Sie immer daran, dass Sie nicht jedes Wort verstehen müssen!

Work and life

What do you do?

How do you spell your name?

A Jobs

A1 **Work in pairs. Look at the photo and guess.**
Arbeiten Sie zu zweit. Schauen Sie sich das Bild an.
Raten Sie und vervollständigen Sie die Sätze über Pierre.

Pierre …
lives in ______________________ .

works in ______________________ .

speaks ______________________ .

What's his job? – He's a ____________________ .

48

Now listen to an interview with Pierre and check your sentences.
Hören Sie ein Interview mit Pierre und prüfen Sie Ihre Sätze.

Exploring learning p. 40

TIPP Was möchten Sie wissen?

A2 **Work in pairs. Ask and answer.**
Arbeiten Sie zu zweit. Stellen Sie sich gegenseitig die Fragen und antworten Sie.

Example: ● *Does Pierre like his job?*
▼ *Yes, he **does.**/No, he **doesn't.***

	Yes	No
1. Does Pierre live in Geneva?	☐	☐
2. Does he work in a hospital?	☐	☐
3. Does he speak Spanish?	☐	☐
4. Does he have a hobby?	☐	☐
5. Does he have an interesting job/life?	☐	☐

48

Reference p. 15

Now listen again and check.
Hören Sie noch einmal und prüfen Sie Ihre Antworten.

Focus on grammar
Fragen und Kurzantworten
Does he live in Geneva? – Yes, he **does.**/No, he **doesn't.**

Homestudy H1, H2, H3

A3a **Match the names of the jobs with the pictures.**
Hier sind einige andere Berufsbezeichnungen. Ordnen Sie die Berufe den Bildern zu.

1 teacher | 2 office worker | 3 chef | 4 homemaker | 5 waiter | 6 shop assistant | 7 computer programmer

☐ 

☐ 

☐ 

☐ 

☐ 

☐ 

☐ 

ınion
, 28

A3b Match.

Ordnen Sie zu.

Example: A clown doctor works in a hospital.

1. An office worker works	in a house.
2. A homemaker works	in a shop.
3. A teacher works	in a kitchen.
4. A waiter works	in an office.
5. A shop assistant works	in a restaurant.
6. A computer programmer works	in a school.
7. A chef works	in an office.

Focus on vocabulary

Im Amerikanischen Englisch sagt man „I'm a homemaker".
Im Britischen Englisch sagt man „I'm a housewife/a house husband".

Focus on vocabulary

Vor Berufsbezeichnungen verwendet man **a** und **an**.
a teacher **an** office worker

Work in pairs and check your answers.

Arbeiten Sie zu zweit und prüfen Sie Ihre Antworten.

, 49-51

A4 Work in pairs. Listen to the interviews with Catherine, Joan and Ben. Complete the chart.

Arbeiten Sie zu zweit. Hören Sie Interviews mit Catherine, Joan und Ben. Vervollständigen Sie die Tabelle. Konzentrieren Sie sich dabei auf die Schlüsselwörter, damit Sie den Text leichter verstehen und die Berufe herausfinden.

ɔring learning p. 40

TIPP Schlüsselwörter

name	key words	job
Catherine		
Joan		
Ben		

49

A5 Listen to Catherine again and answer the following questions.

Hören Sie Catherine noch einmal und beantworten Sie folgende Fragen.

1. What does she do? She works in ______________ .
2. What does she like? She likes ______________ . / She doesn't like ______________ .
3. What does she do in her free time? She reads ______________ .

ınce pp. 23, 24

Focus on grammar

Fragen mit Fragewort und Antworten
What does Catherine **like**? – She **likes** her new office. She **doesn't like** her boss.

ıtudy
5

A6a Work in pairs. Write the questions about Joan.

Arbeiten Sie zu zweit. Schreiben Sie die Fragen über Joan.

1. What/she/do? ______________
2. What/she/like? ______________
3. What languages/she/speak? ______________
4. What/she/do in her free time? ______________

A6b Ask and answer the questions in A6a.

Stellen Sie die Fragen in A6a und antworten Sie.

Example: What does she do? – She works in a language school in Germany.

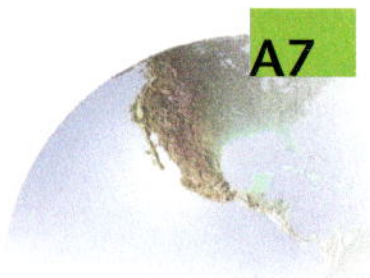

A7 What do you do?

Was machst du beruflich? Im englischen Sprachraum verwendet man in der Antwort meist nicht die Berufsbezeichnung. Man nennt vielmehr den **Ort**, an dem man arbeitet.
Wenn man gerade nicht arbeitet, kann man sagen: I'm between jobs. / I'm a student.

Examples: ● *What do you do?* / ● *What's your job?* ▼ *I work in an office.*

Work in pairs. Ask and answer.
Arbeiten Sie zu zweit. Stellen Sie Fragen und antworten Sie.

Example: ● *What do you do?*
▼ *I work in a shop. / I'm a student. / …*

52 Reference pp. 23, 24

A8a Listen to the Radio Programme "Who is it?"

Hören Sie die Radiosendung „Who is it?"
Wie heißt die Person? Was macht sie beruflich?

Who is it? – It's ______________ .

What does she/he do? – ______________ .

Focus on grammar
Who is it? – **It's (It is)** …

A8b Now work in groups. Think of a person. Who is it?

Arbeiten Sie in Gruppen. Denken Sie an eine Person. Die anderen stellen Fragen, um herauszufinden, wer es ist.

Examples: ● *Does she/he live in Germany?* ▼ *Yes, she/he does.*
● *What does she/he do?* ▼ *She/he works in an office.*

53

A9a Listen and repeat.

Hören Sie und achten Sie dabei auf das /s/ am Wortende.
Wiederholen Sie und achten Sie dabei auf Ihre eigene Aussprache.

[s] works speaks drinks [z] does lives plays

A9b Write these words in the correct column.

Schreiben Sie diese Wörter in die richtige Spalte.

speaks | lives | loves | has | is | writes | works | drinks

[s] 
speaks
____
____
____

[z] 
lives
____
____
____

Focus on sounds
Es ist nicht leicht, zwischen stimmlosem und stimmhaftem /s/ zu unterscheiden. Nach Lauten, die man nicht „summen" kann (z.B. /k/), ist das /s/ am Wortende stimmlos, also [s].

Exploring learning p. 40

TIPP Aussprache üben

54

Now listen and check your answers.
Hören Sie und prüfen Sie Ihre Antworten.

B An email address

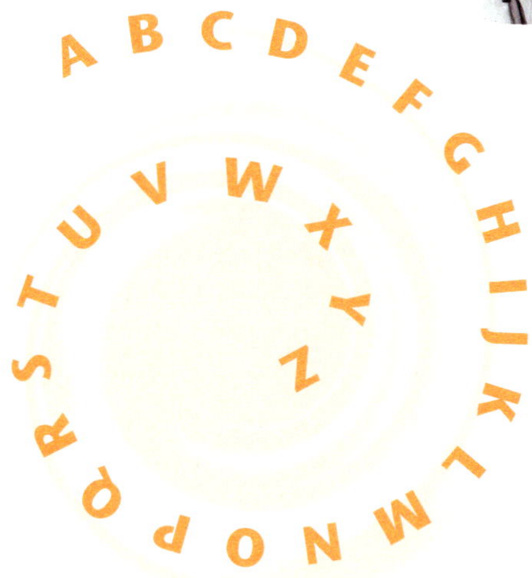

55
study H8, H9

B1a **Listen to the alphabet and join the letters.**
Hören Sie das Alphabet und verbinden Sie die Buchstaben.

55

Now listen again and repeat the letters.
Hören Sie noch einmal und wiederholen Sie.

56

B1b **Listen and write down the missing letters.**
Hören Sie und notieren Sie die fehlenden Buchstaben.

1. A H J ____
2. B C D ____ G P ____ V
3. F L M ____ S X Z
4. I Y
5. O
6. Q ____ W
7. R

Focus on sounds
Die Buchstaben des Alphabets lassen sich nach ihrer Aussprache in sieben Gruppen unterteilen.

Work in pairs. Take turns and read line by line.
Arbeiten Sie zu zweit. Lesen Sie abwechselnd jeweils eine Zeile. Prüfen Sie Ihre Antworten.

B2 **Now stand in line according to where the initial of your first name goes in the alphabet.**
Mit welchem Buchstaben beginnt Ihr Vorname?
Stellen Sie sich im Kurs so auf, dass die Reihenfolge aller Anfangsbuchstaben dem Alphabet entspricht.
Fragen Sie:

What's your name again?
How do you spell it?
Can you repeat that?

Pierre Dumont – Clown Doctor

Rue de Village 5, 1211 Geneva, Switzerland
Tel (00 41) 22 418 3405
Fax (00 41) 22 418 2351
www.rednose-clown.com
email ____________
@ ____________

57

B3 **Listen to the telephone conversation.**
Hören Sie ein Telefongespräch.
Lesen Sie Pierres Visitenkarte und notieren Sie seine E-Mail-Adresse.

B4 **Work in pairs.**
Make a visiting card for your partner.
Arbeiten Sie zu zweit. Entwerfen Sie eine Visitenkarte für Ihren Partner.
Fragen Sie nach den Informationen, die Sie brauchen. Bitten Sie Ihren Partner, Namen und E-Mail-Adresse zu buchstabieren.
Example: ● *How do you spell your name?* ▼ *A-N-N-E J-A-K-O-B-I.*

nion p. 29

Focus on spoken English
E-Mail-Adressen oder Namen buchstabiert man so:
nn double n . dot
@ at – dash
Wenn Sie etwas nicht verstehen, können Sie auch fragen:
Can you repeat that, please?

C Joan and her workplace

Homestudy H10

C1a **Test your partner. Ask for the names of the objects in the picture.**
Prüfen Sie Ihren Partner und fragen Sie nach den Namen der Gegenstände, die Sie in der Abbildung sehen.
Example: ● *What's this in English?* ▼ *A window.*

C1b **Now match the words and the objects.**
Ordnen Sie die Wörter den Gegenständen im Bild zu.

computer ☐ chair ☐ window ☐ CD player ☐ bookshelf ☐
table ☐ flowers ☐ door ☐ cupboard ☐

58

C2 **Listen to Joan and look at the picture in C1. What's different?**
Hören Sie, was Joan über ihren Arbeitsplatz sagt. Schauen Sie sich das Bild in C1 an. Was ist anders?

Joan says: The ______________ is under the ______________ .

Homestudy H11, H12

C3a **Before you work in pairs, look at the diagrams.**
Arbeiten Sie zu zweit. Schauen Sie sich zuerst die Zeichnungen an.

Make sentences about the picture in C1.
Ordnen Sie die Satzteile zu. Bilden Sie Sätze über das Bild in C1.

Reference p. 11

1. There's a CD player	next to the door.
2. There's a cupboard	on the table.
3. There's a TV	in the cupboard.
4. There's a bookshelf	next to the table.
5. There are lots of videos	on the cupboard.

Focus on grammar
There's (= there is) a CD player on the table.
There are lots of videos in the cupboard.

C3b **Work in groups. Ask and say where things are in your classroom.**
Arbeiten Sie in Gruppen. Fragen Sie und sagen Sie, wo sich bestimmte Dinge in Ihrem Klassenzimmer befinden.
Examples: ● *Where's your bag?* ▼ *Under the table.*
● *Where are your books?* ▼ *On the table.*

59
udy
14

C4a **A different workplace: Listen again to Joan.**
Jetzt spricht Joan über einen anderen „Arbeitsplatz". Welchen Raum beschreibt sie?

____

C4b **Imagine your dream workplace.**
Write five things you can find in this room.
Stellen Sie sich den Arbeitsplatz Ihrer Träume vor. Notieren Sie fünf Dinge, die sich in diesem Raum befinden. Verwenden Sie „there is" und „there are".
Example: In my dream workplace, there's a desk under a tree. There's a sofa, a TV ...

In my dream workplace, there's ... .
In my dream workplace, there are ... .

C4c **Work in pairs. Your partner asks about your dream workplace.**
Arbeiten Sie zu zweit. Ihr Partner stellt Ihnen Fragen, um etwas über diesen Arbeitsplatz zu erfahren. Gibt es Gemeinsamkeiten?
Example: ● *Is there a DVD player?*
▼ *No, there isn't.*

ce p. 11

Focus on grammar

Fragen und Kurz-Antworten
Is there a dishwasher? – Yes, there is./
No, there isn't (there is not).

60

C5a **Listen and repeat.**
Hören Sie und achten Sie auf die Satzmelodie. Wiederholen Sie die Fragen.

What's this in English? ↘ Is there a dishwasher? ↗

Focus on sounds

Wenn man nach Informationen fragt, geht die Stimme nach unten.
Wenn man Fragen stellt, auf die man nur mit „ja" oder „nein" antworten kann, geht die Stimme nach oben.

61

C5b **Now listen to the questions.**
Hören Sie die Fragen. Markieren Sie, ob die Stimme nach oben oder nach unten geht.

1. What do you do?
2. Do you like your job?
3. Where does she work?
4. Does Pierre have a hobby?
5. Is there an armchair?
6. Does he speak Spanish?

Exploring my progress

Am Ende dieser Unit kann ich …

… in einem Interview einfache Fragen nach persönlichen Informationen verstehen (z.B. Do you have a hobby?).	☐	☐	A2, A4, A8, H4, H5
… jemanden nach dem Beruf fragen.	☐	☐	A7, H1-H5
… einige einfache Sätze über meinen Beruf sagen (z.B. I work in a shop).	☐	☐	A7, H1-H5
… meinen Namen und meine E-Mail-Adresse buchstabieren.	☐	☐	B2, B4, H8, H9
… sagen, wo sich bestimmte Dinge in einem Klassenzimmer befinden (z.B. There's a book on the table.).	☐	☐	C3, H12
… meinen idealen Arbeitsplatz beschreiben.	☐	☐	C4, H13

Online-Übungen → S. 88

Exploring learning

A1 TIPP 1 Was möchten Sie wissen?

Enthält ein Hörtext ganz bestimmte Informationen, die Sie brauchen? Dann versuchen Sie doch, sich nur auf das zu konzentrieren, was Sie wissen möchten. Versuchen Sie auf keinen Fall, jedes Wort zu verstehen.

A4 TIPP 2 Schlüsselwörter in Hörtexten

Um einen Hörtext zu verstehen, muss man nicht wissen, was jedes einzelne Wort bedeutet. Schließlich sind nicht alle Wörter gleich wichtig. Versuchen Sie, sich auf die Schlüsselwörter zu konzentrieren. Sie enthalten die Hauptinformationen und werden normalerweise auch besonders betont und hervorgehoben.

A9 TIPP 3 Aussprache üben

Wenn man eine neue Sprache lernt, muss man nicht nur neue Wörter und neue grammatische Regeln lernen. Auch bei der Aussprache gibt es Besonderheiten, die man nur durch Üben meistern kann. Wählen Sie zum Üben ein bestimmtes Merkmal, z.B. das /s/ am Wortende. Konzentrieren Sie sich dann beim Zuhören ganz besonders auf dieses Merkmal und sprechen Sie die Wörter nach. Wiederholen Sie regelmäßig die Ausspracheübungen in Ihrem Lehrbuch. Es ist wichtig, dass Sie die Wörter immer wieder laut aussprechen.

Wie hören Sie?

Für die meisten Lernenden ist es sehr anstrengend, Hörtexte in einer Fremdsprache zu verarbeiten. Oft versuchen sie, jedes einzelne Wort zu verstehen, und fühlen sich dann sehr schnell überfordert. Es gibt aber einige Strategien, die das Hören erleichtern können. Wenn man sich z.B. auf Schlüsselwörter konzentriert, kann man schon die Hauptaussage in einem Text verstehen. In unserer Muttersprache wenden wir diese Strategie übrigens auch an. Beobachten Sie sich doch einmal selbst. Wie gehen Sie vor, wenn Sie in Ihrer Muttersprache etwas hören? Achten Sie auf jedes einzelne Wort?

Companion S. 62 → Im Abschnitt Your link to the Portfolio finden Sie Hinweise, wie Sie Ihren Lernfortschritt planen und überdenken können.

Lernen außerhalb des Englischkurses

Je mehr Übung Sie im Hören haben, desto leichter wird es Ihnen fallen und desto mehr werden Sie auch verstehen. Es gibt unzählige Möglichkeiten, außerhalb des Sprachkurses englische Texte zu hören. Wählen Sie die Möglichkeiten, die Ihnen am besten gefallen. Sie können:

- sich regelmäßig die Audio-CD anhören, die zu Ihrem Lehrbuch gehört. Sprechen Sie das Gehörte laut nach.
- einfache Hörbücher anhören und den Text laut mitlesen.
- beim Spazierengehen auf Ihrem Walkman englische Geschichten oder Lieder hören.

C1 **Today many people talk about work-life balance. Work in pairs and choose words from the list that you connect with this theme.**
Man spricht heutzutage viel über die Balance zwischen Arbeit und Leben. Arbeiten Sie zu zweit und markieren Sie die Wörter, die Sie mit diesem Thema in Verbindung bringen.

- ☐ free time activities
- ☐ clown
- ☐ work
- ☐ music
- ☐ family
- ☐ salsa
- ☐ friends
- ☐ languages
- ☐ hobbies
- ☐ office

69

C2 **Clarissa Ashton from City Market Research interviews Debby Montgomery about work-life balance. Listen to the interview and tick the answers.**
Clarissa Ashton vom City Marktforschungsinstitut interviewt Debby Montgomery zum Thema „Balance zwischen Arbeit und Leben". Hören Sie und markieren Sie die richtigen Antworten auf dem Fragebogen.

1. Where do you work?
   a. ☐ in a shop
   b. ☐ in an office
   c. ☐ in a restaurant

2. What do you do in your free time?
   a. ☐ read the newspaper
   b. ☐ play tennis
   c. ☐ watch TV

3. What do you do on Sunday?
   a. ☐ listen to music
   b. ☐ read the newspaper
   c. ☐ spend time with friends

4. What are your hobbies?
   a. ☐ languages
   b. ☐ Latin American music
   c. ☐ no hobby

Work in pairs and check your answers. Does Debby Montgomery have a good work-life balance?
Arbeiten Sie zu zweit und vergleichen Sie Ihre Antworten. Hat Debby Montgomery eine gute Balance zwischen Arbeit und Leben?

C3a **How well do you know your partner? Write the questions.**
Wie gut kennen Sie Ihren Partner? Schreiben Sie die Fragen.

	questions
1. free time?	*What do you do in your free time?*
2. on Sunday?	
3. hobbies?	

C3b **Now guess the answers about your partner.**
Raten Sie, was Ihr Partner wohl antworten wird.

1. ____________________
2. ____________________
3. ____________________

C4a **Now ask your partner the questions in C3a. – How well do you know your partner? You get a point for each correct answer.**
Stellen Sie Ihrem Partner die Fragen aus C3a. Wie gut kennen Sie Ihren Partner? Für jede richtige Antwort bekommen Sie einen Punkt.
Example: What do you do in your free time?

C4b **Tell the class which statements are true.**
Berichten Sie dem Kurs die richtigen Antworten.
Example: Martina plays tennis.

C4c **What do most people do in their free time?**
Was machen die meisten von Ihnen in Ihrer Freizeit? Was ist die häufigste Beschäftigung am Sonntag?

C5 **Work in pairs. Student A reads this page. Student B reads page 59.**
Arbeiten Sie zu zweit. Lerner A liest den Text auf dieser Seite. Lerner B liest den Text auf Seite 59. Stellen Sie sich gegenseitig Fragen, um die Lücken im Text zu füllen. Die unterstrichenen Wörter sind die Antworten auf die Fragen Ihres Partners.

Who's who?

Hillary Rodham Clinton has an interesting job. She's a Senator (1) and works ______________ (2). She lives in New York (3). She loves sports, but has no time for hobbies. In her free time, she ______________ (4) music from Chopin, Debussy or Scott Joplin. She's a career woman and a mother. She has a daughter, Chelsea. A work-life balance for her is: family, work and friends!

Student A

C6 **Work in pairs. Write two or three sentences about another famous person.**
Arbeiten Sie zu zweit. Schreiben Sie zwei oder drei Sätze über eine andere bekannte Person. Lesen Sie die Sätze einem anderen Paar vor. Können Sie raten, wer die bekannte Person ist?
Example: ● *Who is it?* ▲ *It's …*

This is my life

What month do you like?

When's your birthday?

5

A Christmas is in December

A1 **Work in pairs. Match the following festivals with the months.**
Arbeiten Sie zu zweit. Ordnen Sie Feste und Monate zu.

Christmas Day	March
Valentine's Day	September
'Oktoberfest'	October
Halloween	February
St Patrick's Day	December

Think of a special day in your country or town. When is it? Tell your partner.
Denken Sie an einen besonderen Tag in Ihrem Land und sprechen Sie mit Ihrem Partner darüber.

Homestudy H1, H2, H3

A2a **Put the months in the correct order. Write the numbers 1 to 12.**
Bringen Sie die Monate in die richtige Reihenfolge, indem Sie sie von 1 bis 12 nummerieren.

July	12 December	September	February	November	March
May	1 January	August	June	October	April

A2b **Look at the main stress of these words.**
Welcher Teil der Wörter wird am meisten betont? Ordnen Sie die Monate zu.

February | October | August | November | December | April

● Jan uary	● Sep tem ber
______	______
______	______
______	______
______	______

70 **Listen and check.**
Hören Sie und überprüfen Sie Ihre Antworten.

A3 **Work in pairs. You say a month. Your partner says the month before and after.**
Arbeiten Sie zu zweit. Sie sagen einen Monat. Ihr Partner nennt jeweils den vorhergehenden und den darauf folgenden Monat.
Example: Student A: ● March Student B: ▼ February, April

71 **A4a** **Listen to Jenny and Martha talking about the months they like/don't like.**
Hören Sie, was Jenny und Martha über die Monate erzählen, die sie mögen/nicht mögen. Ergänzen Sie die Sätze mit den Monaten.

Jenny likes ______________________.

Martha doesn't like ______________________.

A4b **Now write the month or months that you like/don't like.**
Notieren Sie den Monat oder die Monate, den/die Sie mögen/nicht mögen.

I like ____________________

I don't like ____________________

Tell your partner. Do you like the same month?
Berichten Sie Ihrem Partner. Mögen Sie denselben Monat?

71 **A5a** **Listen again to Jenny. When is her birthday?**
Hören Sie noch einmal Jenny. Wann hat sie Geburtstag?

Her birthday is in ____________________.

A5b **Find someone in class who was born in the same month as you.**
Finden Sie jemanden im Kurs, der im gleichen Monat wie Sie Geburtstag hat.
Example: ● *When's your birthday?* ▼ *My birthday's in September.*

Which month has the most birthdays?
In welchem Monat sind die meisten Geburtstage?

A6 **Work in pairs. Read the poem and fill in the words which describe the pictures.**
Arbeiten Sie zu zweit. Lesen Sie das Gedicht und ergänzen Sie die Wörter, die die Bilder beschreiben.

In January and February, there is ____________________ and ice.
In March and April, spring is nice.
In May and June, there are lots of ____________________.
In July and August the ____________________ shines many hours.
In September and October the ____________________ is strong.
In November and December the nights are long.

72 **Now listen and check.**
Hören Sie und prüfen Sie Ihre Antworten.

A7a **Look at the words on the word wheel. What month do you think it is?**
Schauen Sie sich den Wort-Igel an.
Welcher Monat wird beschrieben?

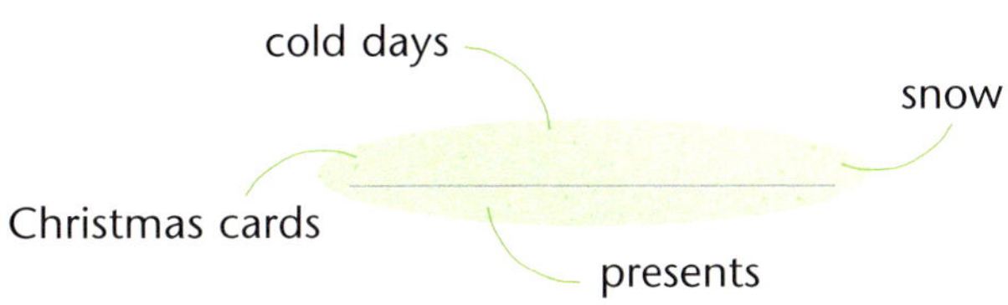

A7b **Work in groups. Write two or three words about a month. Can the others guess the month?**
Arbeiten Sie in Gruppen. Schreiben Sie zwei oder drei Wörter über einen Monat.
Können die anderen den Monat erraten?

5

B What's your address?

B1 73

Look at the pictures. Listen and circle the numbers.
Schauen Sie sich die Bilder an. Hören Sie und markieren Sie die entsprechenden Zahlen.

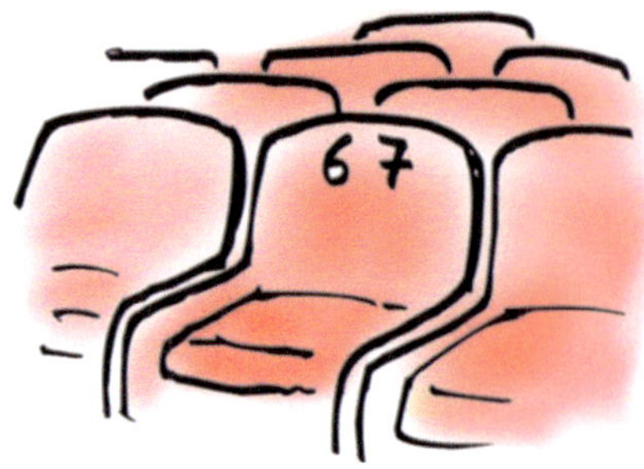

Check with your partner.
Welche Zahl kommt (auf der CD) nicht vor? Vergleichen Sie Ihre Antwort mit Ihrem Partner.

B2 Homestudy H4, H5

Match the words with the numbers.
Ordnen Sie Wörter und Zahlen zu.

twenty-four | forty-five | twenty-six | sixty | eighty | twenty-nine | ninety | seventy | two thousand

20	twenty	29		70	
21	twenty-one	30	thirty	80	
22	twenty-two	33	thirty-three	90	
24		40	forty	100	one hundred
26		45		1000	one thousand
27	twenty-seven	50	fifty	2000	
28	twenty-eight	60			

Work in pairs and check your answers.
Arbeiten Sie zu zweit und vergleichen Sie Ihre Antworten.

B3 **Work in pairs. Say a number from 20–100. Your partner writes it down.**
Arbeiten Sie zu zweit. Sagen Sie eine Zahl zwischen 20 und 100.
Ihr Partner schreibt die Zahl.
Example: Student A: ● 67 Student B: ▼ sixty-seven

B4 **Work in groups of four. Say a number. The others in your group say the next three numbers.**
Arbeiten sie zu viert. Sagen Sie eine Zahl. Die anderen nennen die drei darauf folgenden Zahlen.
Example: Student A: ● forty-five Student B: ▼ forty-six Student C: ■ forty-seven
Student D: ◆ forty-eight

74

B5 **Listen to this telephone conversation and complete the form.**
Hören Sie das Telefongespräch und füllen Sie das Formular aus.

Order Form — ABC Bookshop

Name	Theresa Nickel
Book	The Business English Dictionary
ISBN	
Address	Kantstr.
Telephone number	0049 30 79403378

Check your answers with your partner.
Vergleichen Sie Ihre Antwort mit Ihrem Partner.

B6 **Work in groups of four. Write down the addresses of the others in the group.**
Arbeiten Sie zu viert. Notieren Sie die Adressen der anderen.
Example: What's your address? – …
Sorry, can you say that again, please? – …

oring learning p. 50

Tipp Um Wiederholung bitten

	name	address
1.		
2.		
3.		

C When were you born?

75

C1 **When and where were they born? Listen and match.**
Wann und wo wurden diese Personen geboren? Hören Sie und ordnen Sie zu.

study
7, H8

Renée	1973	New York
Anastacia	1939	Tennessee
Tina	1969	Texas

Focus on spoken English
in 1973: in nineteen seventy-three
in 2006: in two thousand (and) six

study
10

C2 **Work in pairs and check your answers.**
Arbeiten Sie zu zweit und vergleichen Sie Ihre Antworten.
Example: When was Renée born? – In ________ (year).
Where was she born? – In ________ (place).

ence p. 10

Focus on grammar
Vergangenheitsformen
When **was** Anastacia born? – In 1973.
Where **was** she born?– In New York.
When **were** you born? – (I was born) in 1964.

C3 **Work in pairs. Think of a famous person. Ask your partner.**
Arbeiten Sie zu zweit. Wählen Sie eine berühmte Persönlichkeit und stellen Sie sich gegenseitig Fragen.
Example: ● *Where was Fidel Castro born?* ▼ *In Cuba.*
▼ *Sorry, I don't know.*

C4 **Find someone in class who was born in the same place as you.**
Finden Sie jemanden, der im gleichen Ort geboren wurde wie Sie selbst.
Example: ● *Where were you born?* ▼ *I was born in Leipzig.*

Report back.
Berichten Sie.
Example: Linda and I were born in Mannheim.

D My life

D1 **Look at the list and tick the words you can use to describe your life.**
Welche Wörter können Sie verwenden, um Ihr Leben zu beschreiben? Markieren Sie.

work | study | live | travel | meet | marry | start | finish

D2a **Work in pairs. Which words do you expect to see in a text about Anita Roddick and The Body Shop?**
Arbeiten Sie zu zweit. Sie werden gleich einen Text über das Leben von Anita Roddick und ihr Unternehmen, The Body Shop, lesen. Welche Wörter kommen darin wahrscheinlich vor?

fitness centre | singer | business woman | politician | book shop | multinational | cosmetic shop | garage | countries

D2b **Now read the article and find out.**
Lesen Sie nun den Text und überprüfen Sie Ihre Auswahl.

The Body Shop

Anita Roddick started "The Body Shop" in 1976. She produced fifteen natural cosmetic products in her garage and opened a small shop in Brighton. Today, "The Body Shop" is a multinational with two thousand shops in fifty-two countries.
Anita Roddick was born in Littlehampton, England, in October 1942. She's the daughter of Italian parents. She finished university in 1963. Then she worked and lived in several countries – in a kibbutz in Israel, in Paris and in Geneva. She then travelled to Canada, Australia, South Africa and Madagascar. She met Gordon Roddick in 1969 and she married him in 1971.

Exploring learning p. 50

Tipp Nachfragen
You can ask your teacher for help: "What does the word *multinational* mean?"

estudy H12, H14

D3 **The underlined words in the article are in the past simple. Complete the table.**
Die unterstrichenen Wörter in D2b stehen in der Vergangenheit. Ergänzen Sie die Tabelle.

past simple	present simple
started	start
produced	produce
opened	
finished	
worked	
lived	
travelled	travel
married	

ence pp. 15, 16

Focus on grammar
Vergangenheitsformen
start – start**ed**
live – live**d**
marry – marr**ied**

D4 **Work in pairs. Read the sentences about Anita Roddick. Put them in the right order.**
Arbeiten Sie zu zweit. Lesen Sie die Sätze und bringen Sie sie in die richtige Reihenfolge.

1. ☐ She opened "The Body Shop" in 1976.
2. ☐ She worked in many countries.
3. ☐ She travelled to many countries.
4. ☐ She finished university in 1963.
5. ☐ She married Gordon Roddick in 1971.
6. ☐ She was born in 1942.

estudy H13

D5 **Read the text in D2b again and find all the expressions with 'in'. Complete the word wheel.**
Lesen Sie den Text in D2b noch einmal und finden Sie alle Ausdrücke mit 'in'. Vervollständigen Sie den Wort-Igel.

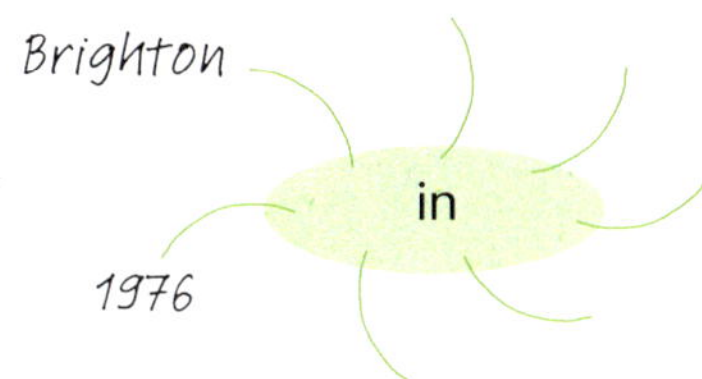

D6 **Complete the life line.**
Ergänzen Sie die „Lebenslinie" für Anita Roddick.

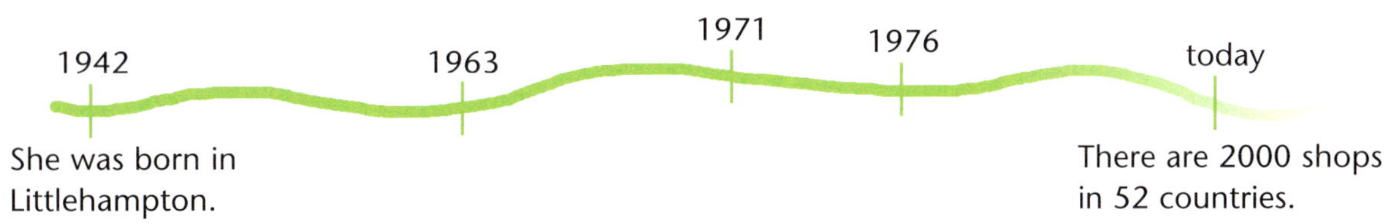

D7 **Work in pairs. Draw your life line and tell your partner about your life.**
Arbeiten Sie zu zweit. Zeichnen Sie Ihre eigene "Lebenslinie" und berichten Sie Ihrem Partner von Ihrem Leben. Verwenden Sie dazu die Verben in D1.
Example: I was born in 1954 in Graz, Austria. I started school in 1960.

loring learning p. 50

Tipp Erneutes Nachfragen
You can ask your partner/teacher: "How do you say ... in English, please?"

D8a **Write a few sentences about your life. Give your sentences to your teacher.**
Schreiben Sie einige Sätze über Ihr Leben. Geben Sie diese Sätze Ihrer Kursleiterin.

D8b **Your teacher gives you the sentences about another person.**
Ihre Kursleiterin gibt Ihnen nun die Sätze eines anderen Teilnehmers. Lesen Sie die Sätze laut vor. Können die anderen erraten, wer es ist?
Example: She was born in Hungary. She …

Exploring my progress

Am Ende dieser Unit kann ich ...			
... die Monate des Jahres sagen.	☐	☐	A2, A3, H1-H3
... fragen, in welchem Monat jemand geboren ist.	☐	☐	A5
... die Zahlen von 21 bis 100.	☐	☐	B2, B4, H4, H5
... nach der Adresse von Personen fragen.	☐	☐	B6
... sagen, wann und wo (Jahr und Monat) ich geboren wurde.	☐	☐	C2, C4, H6-H8
... einen kurzen Text verstehen, der in einfachen Sätzen die Lebensgeschichte einer Person beschreibt.	☐	☐	D2, H8, H9
... kurze, einfache Sätze über mein eigenes Leben sagen oder schreiben (z.B. I worked in Hamburg in 1998).	☐	☐	D7, D8, H12

Online-Übungen → S. 92

Exploring learning

B6 TIPP 1 **Um Wiederholung bitten**

Wenn Sie in einem Gespräch etwas nicht verstehen, können Sie natürlich immer nachfragen und um eine Wiederholung des Gesagten bitten. Sie können dann z.B. fragen: *Sorry, can you say that again, please?*

D2, D7 TIPP 2 **Nachfragen im Unterricht**

Zögern Sie nicht, Ihre Kursleiterin oder andere Teilnehmer zu fragen, wenn Sie im Unterricht etwas nicht verstehen. Sie können dann z.B. sagen: *I don't understand the word "multinational". What does it mean?*
Oder: *How do you say "heiraten" in English, please?*

Wie lernen Sie am liebsten?

Strategisches Nachfragen kann Ihnen wesentlich dabei helfen, auch mit geringen Sprachkenntnissen ein Gespräch in Gang zu halten. Die hier genannten Tipps unterstützen Sie in Situationen, in denen Sie Englisch verstehen bzw. sprechen müssen. Wenn Sie diese Tipps anwenden, werden Sie sich in solchen Situationen sicherer fühlen und auch mögliche Lücken in Grammatik und Wortschatz überbrücken können. Übrigens kommt es ja nicht nur in der Fremdsprache vor, dass man nach Wörtern sucht oder etwas nicht richtig versteht. Was machen Sie in solchen Situationen in Ihrer Muttersprache?

Companion S. 62 → Im Abschnitt Your link to the Portfolio finden Sie Hinweise, wie Sie Ihren Lernfortschritt planen und überdenken können.

Lernen außerhalb des Englischkurses

Versuchen Sie einmal, diese Woche Freunde oder Bekannte zu finden, mit denen Sie Englisch sprechen können. Seien Sie mutig und setzen Sie sich als Ziel, das Gespräch auf jeden Fall möglichst lange in Gang zu halten. Wenden Sie die oben beschriebenen Strategien zur Unterstützung an.

Long weekends and holidays

What kind of holiday do you like?

An active, a relaxing or an adventure holiday?

6

A The right kind of holiday

Homestudy H1, H2

A1 Read the holiday ads. In pairs, fill in the table below.

Lesen Sie die folgenden Anzeigen. Werben sie für einen Erholungs-, Aktiv- oder Abenteuer-Urlaub? Vervollständigen Sie mit einem Partner die Tabelle.

1

2

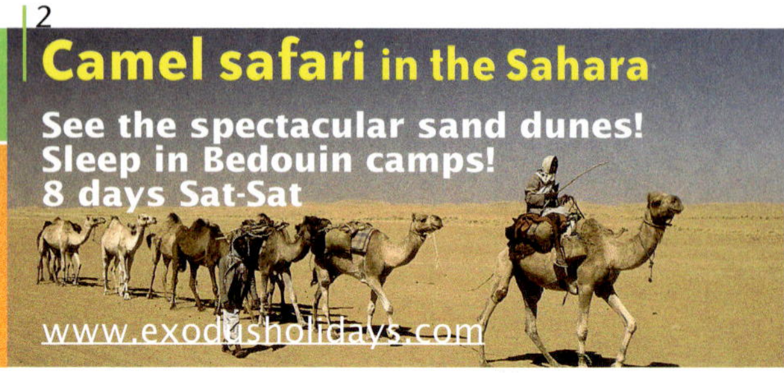

3

4

5

6

	relaxing	active	adventure	country
1	___	✓	___	Ireland
2	___	___	___	___
3	___	___	___	___
4	___	___	___	___
5	___	___	___	___
6	___	___	___	___

84

A2 Listen to Kate, Grace and Ryan. Write what kind of holiday they had.

Hören Sie ein Gespräch zwischen Kate, Grace und Ryan. Welche Art von Urlaub machten die drei?

Kate had a (an) ____________________ holiday.

Grace had a (an) ____________________ holiday.

Ryan had a (an) ____________________ holiday.

In pairs, check your answers.

Vergleichen Sie Ihre Antworten mit einem Partner.

84

A3 **Who wrote the postcards? Work in pairs.**

Kate, Grace und Ryan schickten Postkarten an ihre Freunde. Hören Sie noch einmal den Text von A2. Wer hat welche Postkarte geschrieben?

Postcard 1: ______________

Postcard 2: ______________

Postcard 3: ______________

1

2

3

A4 **What can you see in the postcards?**

Nennen Sie etwas, das Sie auf den Karten sehen. Ihr Partner zeigt auf die entsprechende Karte.

Spring learning p. 58

TIPP Wort-Bild-Verbindungen

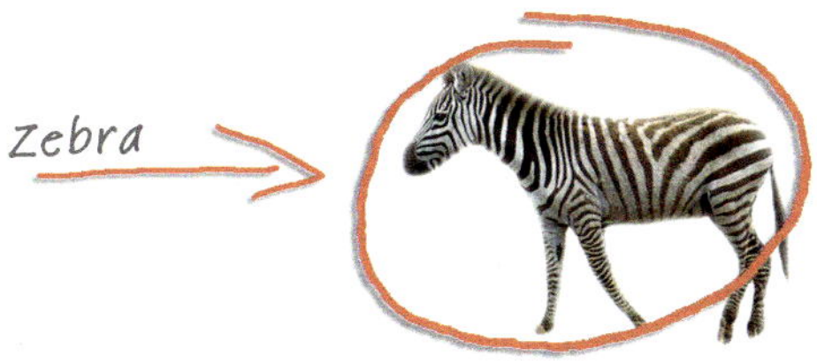

A5 **What kind of holiday do you like?**
Fill in the 'Holiday Personality Quiz' and find out.

Welche Art Urlaub passt zu Ihnen? Machen Sie den Persönlichkeitstest und finden Sie es heraus.

THE HOLIDAY PERSONALITY QUIZ

			You		Your Partner	
			Yes, I do.	No, I don't.	Yes, I do.	No, I don't.
Do you …	a.	like yoga?	☐	☐	☐	☐
	b.	read travel guidebooks?	☐	☐	☐	☐
	c.	have a rucksack?	☐	☐	☐	☐
Do you …	a.	listen to classical music?	☐	☐	☐	☐
	b.	speak other languages?	☐	☐	☐	☐
	c.	go kitesurfing?	☐	☐	☐	☐
Do you …	a.	relax after work?	☐	☐	☐	☐
	b.	go to museums?	☐	☐	☐	☐
	c.	like adventure films?	☐	☐	☐	☐

Score
Mostly a: A relaxing holiday is just right for you!
Mostly b: An active holiday is just right for you!
Mostly c: An adventure holiday is just right for you!

A6 **What's the right kind of holiday for your partner? Ask the questions in A5 and find out.**

Welche Art Urlaub passt zu Ihrem Partner? Stellen Sie sich gegenseitig die Fragen aus A5.

A7 **Work in three groups.**

Arbeiten Sie in drei Gruppen. Schreiben Sie eine kurze Anzeige für Ihren Idealurlaub. Schauen Sie sich dazu A1 an. Kleben Sie die Anzeige an die Wand.

Group A: a relaxing holiday   Group B: an active holiday   Group C: an adventure holiday

85 **A8** **Listen to the music.**

Hören Sie sich Ausschnitte aus drei Musikstücken an.
Welche Art Urlaub verbinden Sie mit der Musik?

Exploring learning p. 58

TIPP Musik und Bilder

	1	2	3
relaxing holiday	____	____	____
active holiday	____	____	____
adventure holiday	____	____	____

B An adventure holiday

86 **B1** **Listen to Amy and Pete. Amy describes her holiday.**

Hören Sie Amy und Pete zu. Amy beschreibt ihren Urlaub. Nummerieren Sie die Wörter in der Reihenfolge, in der Sie sie hören. War es ein Erholungsurlaub?

sauna | snowshoe trekking | –20° | ice fishing | ice exhibition

Exploring learning p. 58

TIPP Was ich schon weiß.

Homestudy H3

B2 **Can you guess where Amy went? Read and find out.**

Wohin fuhr Amy? Lesen Sie den Tagebucheintrag und finden Sie es heraus.

December 28

Here I am in the ice hotel! We left Germany this morning. We flew to Kiruna Airport and then drove to the hotel, about 12 km from the airport. I was so excited! The hotel manager gave us warm sleeping bags. We had reindeer steak and drank hot punch. It's my first night in an igloo ...

Exploring learning p. 58

TIPP Eine Auswahl treffen.

Read the text again and highlight the past tense of these verbs: leave, fly, drive, give, have, drink.

Lesen Sie den Text noch einmal und markieren Sie die Vergangenheitsformen der genannten Verben. Vergleichen Sie Ihre Antworten mit einem Partner.

Reference p. 17

Focus on grammar

Unregelmäßige Vergangenheitsformen

leave – left | fly – flew | drive – drove | have – had | drink – drank

study

B3 **In pairs, tick the true sentences.**

Überlegen Sie mit einem Partner, welche Sätze richtig sein könnten. Kreuzen Sie sie an. Dann lesen Sie den nächsten Teil des Tagebuchs und prüfen Ihre Antworten.

1. There was an ice church. ☐
2. There was a cinema. ☐
3. There was an ice school. ☐

January 10

It's our last day here at the ice hotel. It's so fantastic! The service in the hotel is excellent. There is an ice church, a cinema, and an ice theatre.
We really had a great time!
On the first day, we went snowshoe trekking. We met lots of people from different countries – Japanese, Americans, Germans and even South Africans. It was very cold for them! We also went on a snowmobile safari for three days and saw the Northern Lights.

Now write the present tense of the verbs underlined in the text.

Notieren Sie die Präsensform der unterstrichenen Verben.

________ went
________ met
________ saw

87

B4 **Listen to Amy and Martin and read the dialogue.**

Hören Sie und lesen Sie den Dialog.

Martin: Hi, Amy. How are you?
Amy: Hi, Martin. I'm fine, thanks. Just came back from my holiday.
Martin: How was it?
Amy: Great, thanks. We stayed at the ice hotel in Lapland.
Martin: Oh, really? That's fantastic. How was the food?
Amy: Awful! Just terrible. I hate reindeer steak.

Put the words in two groups.

Ordnen Sie die Wörter in zwei Gruppen.

great | nice | awful | fantastic | terrible

☺	☹
________	________
________	________
________	________

B5 **Work in pairs. Use words from B4.**

Fragen Sie Ihren Partner nach dem letzten Urlaub und antworten Sie mit Wörtern aus B4.

How was
- your holiday? – It was great / ________ .
- your hotel? – ________
- the food? – ________
- the weather? – ________

Focus on spoken English

In spoken English we often say "great".

Focus on vocabulary

holiday (UK)
vacation (US)

C A long weekend

88
Homestudy H6

C1 Listen to Kate talking about her long weekend. Complete the sentences.

Hören Sie, was Kate über ihr langes Wochenende erzählt. Vervollständigen Sie die Sätze.

1. On Saturday morning, she __________ to a sandy beach.
2. In the afternoon, she __________ kitesurfing.
3. In the evening, she __________ her friends.
4. On Sunday, she __________ breakfast at 10 o'clock.

Focus on vocabulary
at the weekend (UK)
on the weekend (US)

Homestudy H8, H9
Companion p. 45

C2 Read and check your answers in C1.

Lesen Sie und prüfen Sie Ihre Antworten.

September 6

Went to Cape Cod on the weekend. On Saturday morning, I drove to a sandy beach and in the afternoon, I went kitesurfing – perfect weather! Met Tom, Helen and Sam. We went and had dinner in the evening. What a night! Went to bed at about two in the morning!

On Sunday, I slept late. Had breakfast at ten and then I played golf. On Monday night, I drove back home. It was awful. The highway was full of cars ...

Now put these time expressions on the word wheels.

Ordnen Sie die Zeitangaben in die Wort-Igel ein.

Exploring learning p. 58

TIPP Ganze Ausdrücke lernen

Saturday morning | the afternoon | about two o'clock | Sunday | ten o'clock | the evening | Monday night

Focus on grammar
Präpositionen für Zeitangaben
on: on Saturday
in: in the afternoon
at: at five o'clock

in

at

on

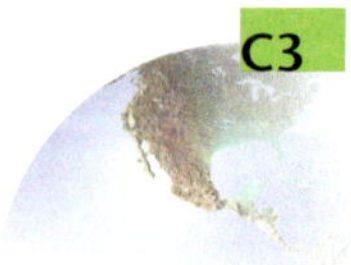

C3 Read about Labor Day weekend in the USA. Find out what it says about: when it is, what people do, the highways, days of vacation.

Lesen Sie über das Labor Day Wochenende: Wann ist es? / Was unternimmt man? / Wie sind die Autobahnen? / Wie viele Ferientage hat man?

The History of Labor Day ➤ www.

Labor Day in the USA

Labor Day in America and in Canada is on the first Monday in September, and it is over 100 years old. Many Americans have only 10 days of vacation, so this long weekend is a mini-vacation for many people. They leave the cities and drive to the coast or to national parks. The highways are full of cars and there are long traffic jams. For many Americans, this day marks the end of the summer.

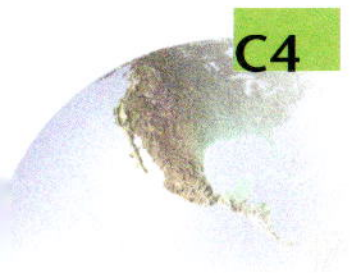

C4 **Are there long weekends in your country?**
Gibt es in Ihrem Land lange Wochenenden? Sprechen Sie mit einem Partner über Folgendes: Wann sind diese Wochenenden? / Was unternimmt man? / Wie viele Ferientage hat man?

D The days of the week

89 Study

D1 **Listen to the song. Number the days of the week in the order you hear them.**
Hören Sie den Liedausschnitt und nummerieren Sie die Wochentage in der Reihenfolge, in der Sie sie hören.

Sunday ☐ Friday ☐ Tuesday ☐ Thursday ☐ Saturday ☐ Monday ☐ Wednesday ☐

90

D2 **Now listen and repeat. Mark the stress in the words in D1.**
Hören Sie und wiederholen Sie. Markieren Sie die betonten Silben der Wörter in D1.
Example: Monday

D3 **Test your partner!**
Prüfen Sie Ihren Partner!
Example: You say: Monday plus two (or minus three).
Your partner says: Wednesday (or Friday).

91

D4 **Listen to a funny poem about Cindy Lindey. Complete what Cindy did last week.**
Hören Sie ein lustiges Gedicht über Cindy Lindey.
Notieren Sie, was Cindy letzte Woche gemacht hat.

Met ______ Joe on Monday.
______ him on Tuesday.
______ to Paris on Wednesday.
______ happy on Thursday.
______ wine on Friday.
______ the tango on Saturday.
______ late on Sunday.

Focus on spoken English
In der Umgangssprache lässt man häufig ein Wort aus, wenn es für das Verständnis des Satzes nicht unbedingt nötig ist.
I met Joe on Monday. → **Met** Joe on Monday.

In pairs, check your answers.
Vergleichen Sie Ihre Antworten mit einem Partner.

D5 **Work in groups of seven.**
Zu siebt: Schreiben Sie ein Gedicht wie in D4. Jeder schreibt eine Zeile. Setzen Sie alle Zeilen zusammen und lesen Sie das Gedicht vor. Wählen Sie das beste Gedicht.

Study 12

D6 **In groups, tell the others what you did last week.**
Arbeiten Sie in Gruppen. Erzählen Sie den anderen, was Sie letzte Woche gemacht haben. Fragen und antworten Sie:
Example: Where were you last week? – On Monday, I stayed at home.

Exploring my progress

Am Ende dieser Unit kann ich …			
… einfache Anzeigen für Urlaubsreisen lesen, verstehen und schreiben.	☐	☐	A1, A7, H1
… einfache Gespräche über Urlaubsreisen verstehen.	☐	☐	A2, H4
… einige einfache Dinge über meinen letzten Urlaub erzählen.	☐	☐	B5, H5
… Zeitangaben verstehen, z.B. „in the morning".	☐	☐	C2, H6, H8, H9
… die Wochentage benennen.	☐	☐	D2, D3, H10
… einige Dinge darüber sagen, was ich letzte Woche gemacht habe.	☐	☐	D6, H7, H11

Online-Übungen → S. 95

Exploring learning

A4 TIPP 1 Wort-Bild-Verbindungen

Versuchen Sie, bestimmte Wörter mit Bildern zu verbinden, um sich diese Wörter leichter merken zu können.

A8 TIPP 2 Musik und Bilder

Vielleicht hilft es Ihnen auch, wenn Sie ein bestimmtes Musikstück mit einem Wort assoziieren. Durch Musik können Bilder im Gehirn entstehen, die Sie dann mit den entsprechenden Wörtern (z.B. relaxing, active, adventure) in Verbindung bringen können.

B1 TIPP 3 Was ich schon weiß

Sie können sich aber auch überlegen, wie neue Wörter (z.B. snowshoe) zu den Wörtern passen, die Sie bereits kennen (z.B. shoe). Dadurch, dass Sie die neuen Wörter in Zusammenhang mit bereits bekannten bringen, können Sie diese besser behalten.

B2 TIPP 4 Eine Auswahl treffen

Eine weitere Möglichkeit ist, dass Sie sich aus den unbekannten Wörtern in einem Text vier Wörter aussuchen (z.B. ice hotel, igloos, punch, night), die Sie gerne lernen würden. Legen Sie für diese Wörter eine Lernkartei an und fügen Sie im Laufe des Semesters neue Wörter Ihrer Wahl hinzu. Im Internet finden Sie unter www.hueber.de/next (code: XS06) eine Anleitung zur Erstellung Ihrer Lernkartei.

C2 TIPP 5 Ganze Ausdrücke lernen

Eine sehr hilfreiche Strategie ist das Lernen von Wörtern in Blöcken oder Einheiten. Lernen Sie nicht nur einzelne Wörter auswendig, sondern gleich ganze Ausdrücke (z.B. in the afternoon). Diese Ausdrücke können Sie dann als Ganzes aus dem Gedächtnis abrufen und leichter in den entsprechenden Situationen einsetzen.

Wie lernen Sie am liebsten?

In dieser Unit finden Sie einige Vorschläge dazu, wie Sie Wörter lernen können. Diese Strategien eignen sich für unterschiedliche Lernertypen. Wörter können grundsätzlich mit allen Sinnen gelernt werden, also mit Hilfe von Musik, von Bildern, und auch von Wortkarten, die man anfassen und bewegen kann.
Welchen Tipp finden Sie für sich selbst am nützlichsten?

Companion S. 62 → Im Abschnitt Your link to the Portfolio finden Sie Hinweise, wie Sie Ihren Lernfortschritt planen und durchdenken können.

Lernen außerhalb des Englischkurses

Wo haben Sie Ihren letzten Urlaub verbracht? Sammeln Sie Informationen über dieses Urlaubsziel und bringen Sie diese Informationen, sowie vielleicht auch einige Ihrer Urlaubsbilder, mit in den Unterricht. Schreiben Sie ein paar Sätze über Ihren Urlaub und tragen Sie die Beiträge aller Kursteilnehmer in einem Reisealbum zusammen. Dieses Album können Sie in Ihr Dossier/Portfolio einlegen.

Unit 3 – File for student B

42

C5 **Bingo! Listen and cross out the numbers you hear.**

Hören Sie und streichen Sie die Zahlen aus, die Sie hören. Rufen Sie „Bingo", wenn Sie alle Zahlen auf Ihrer Karte ausgestrichen haben.

BINGO

12	3	15
10	1	8
17	5	13

Student B

Consolidation 2 – File for student B

C5 **Work in pairs.**

Arbeiten Sie zu zweit. Stellen Sie sich gegenseitig Fragen, um die Lücken im Text zu füllen. Die unterstrichenen Wörter sind die Antworten auf die Fragen Ihres Partners.

Who's who?

Hillary Rodham Clinton has an interesting job. She's a ______________________ (1) and works <u>in an office</u> (2). She lives in ______________________ (3). She loves sports, but has no time for hobbies. In her free time, she <u>listens to</u> (4) music from Chopin, Debussy or Scott Joplin. She's a career woman and a mother. She has a daughter, Chelsea. A work-life balance for her is: family, work and friends!

Student B

Consolidation 3 – File for student A

C5 **Describe your picture to student B.**

Beschreiben Sie Ihrem Partner Ihr Bild. Verwenden Sie die angegebenen Wörter. Welches Ende der Bildgeschichte gefällt Ihnen?

her birthday | friends | flowers | had a party

Student A

C1a **Work in pairs. First read about Maria.**
Arbeiten Sie zu zweit. Lesen Sie zunächst den Text über Maria.

Maria was born in Italy. She's a computer programmer and works in Dublin. In her free time, she listens to Spanish and Latin American music. She plays the guitar and likes flamenco.
It was her birthday last Friday. In the morning, she went to the office and in the evening she went to a concert.

C1b **Now look at the picture story. Which words and phrases go with the pictures?**
Sehen Sie sich die Bildgeschichte an. Welche Beschreibungen passen zu den Bildern?

opened a letter 2
ticket ____
went home by taxi ____
opened the door ____
lots of people ____
guitar concert ____
fantastic evening ____

1

2

3

C2 **Look at the pictures again. Find the right order to the story.**
Sehen Sie sich noch einmal die Bilder an und bringen Sie sie in die richtige Reihenfolge.

picture no ______

picture no ______

picture no ______

C3 **In pairs, write the story in short sentences. Use the words and phrases in C1a to help you.**
Schreiben Sie zu zweit ein paar Sätze, so dass sich eine kurze Geschichte ergibt.
Benutzen Sie die Wörter in C1a.
Example: Last week, Maria opened a letter. There was a ticket to a guitar concert.

C4 **What do you think is the end of the story?**
Was wird wohl das Ende der Geschichte sein? Tauschen Sie Ihre Ideen mit den anderen im Kurs aus.

C5 **Student A looks at page 59. Student B looks at page 77. Describe your picture. There are some words and phrases to help you. Which end of the story do you like, A or B?**
Arbeiten Sie wieder zu zweit. Student A schaut auf Seite 59 und Student B auf Seite 77. Dort ist jeweils ein mögliches Ende der Geschichte abgebildet. Beschreiben Sie Ihrem Partner Ihr Bild. Welches Ende gefällt Ihnen?

C6 **Write about the things that you did last week. Write sentences for every day of the week but write only one true sentence.**
Beschreiben Sie nun ein paar Dinge, die Sie letzte Woche gemacht haben. Schreiben Sie Sätze für jeden Wochentag, aber schreiben Sie nur einen Satz, der richtig ist. Die Wörter helfen Ihnen bei der Wahl Ihrer Sätze.
Example: On Monday, I went to a concert.

go | drive | listen to | watch | visit | give | drink | see | meet

On Monday, I ______

On Tuesday, I ______

C7 **Read your sentences to the others in class. Can they guess which statement is true?**
Lesen Sie Ihre Sätze vor. Können die anderen Kursteilnehmer raten, welcher Satz richtig ist?

E Languages in Europe

E1a **Look at the photos of these four learners of English.**
Sehen Sie sich die Fotos von vier Englischlernern an.

16 **Now listen and write where they are from.**
Hören Sie und tragen Sie in die Liste ein, woher die Personen kommen.

name	country
Habib	Turkey
Regina	
Urs	
Majda	

Now read about Habib.
Lesen Sie einen Text über Habib. Wie viele Sprachen spricht er?

"Hello, my name's Habib. I'm from Turkey, but I live in Berlin. I speak Turkish and German and a little English."

16 **E1b** **Listen again and complete the chart.**
Hören Sie noch einmal. Wer spricht welche Sprachen?

name	language	language	language
Habib	Turkish		
Regina			
Urs			
Majda	Slovenian		

E2 **Write sentences about ...**
Schreiben Sie je einen Satz zu folgenden Themen: woher Sie kommen, was Ihre Nationalität ist, wo Sie wohnen und welche Sprachen Sie sprechen.

... where you are from. ______

... your nationality. ______

... where you live. ______

... the languages you speak. ______

E3 **Read your sentences to the class. Listen and count the number of languages and complete the sentences.**
Lesen Sie den anderen im Kurs Ihre Sätze vor. Hören Sie, zählen Sie die Sprachen, die genannt werden, und vervollständigen Sie die Sätze.

In my English class: ______ learners speak four languages.

______ learners speak three languages.

______ learners speak two languages.

F Classroom English

F1 Match the words and expressions with the pictures.

Ordnen Sie die Wörter und Ausdrücke den Bildern zu.

read | write | listen to | ask | tick | say | number | count | look at | work in pairs | work in groups of three

F2 Match the words.

Ordnen Sie die Wörter so, dass Sie Ausdrücke bilden, die Sie im Englischkurs oft lesen und hören.

Write	the sentences.	Look at	page six.
Say	your teacher.	Listen to	in pairs.
Number	your English book.	Match	the CD.
Ask	the words.	Work	the dialogue.
Read	'hello'.	Complete	the words with the pictures.

17

F3 Listen to Ms Bart, the English teacher, and follow her instructions.

Hören Sie Ms Bart, die Kursleiterin, und folgen Sie ihren Arbeitsanweisungen.

F4 Can you find seven classroom words?

Können Sie 7 Wörter finden, die zu Arbeitsanweisungen gehören? (Leserichtung →)

WORD SEARCH

C	N	U	M	B	E	R
S	A	Y	M	L	O	P
L	I	S	T	E	N	X
I	Z	W	R	I	T	E
P	J	B	A	S	K	N
V	R	E	A	D	L	U
K	W	M	A	T	C	H

F5 Find these expressions in Unit 1.

Schauen Sie sich Unit 1 noch einmal an.
Suchen Sie die folgenden Arbeitsanweisungen und notieren Sie die Seitenzahl.

1. Work in pairs. page ____
2. Match the words with the pictures. page ____
3. Complete the dialogue. page ____
4. Listen and check. page ____
5. Number the sentences. page ____
6. Look at the map. page ____

E Single dad

E1 **Read the BBC news about the "Single Dad of the Year". What's the text about?**
Lesen Sie die Nachricht über den „Single-Vater des Jahres". Wovon handelt sie?

music ☐ tennis ☐ a family ☐

Single Dad of the Year

Lee Grindley is "Single Dad of the Year". He has three children, two boys and a girl. Their names are Stefan, Ashley and Felicia. In the morning, he works in a hotel. In the afternoon, he stays at home and looks after the kids. He lives with his children in a big house in Manchester. As a solo father he has a lot of work but he is happy.

Single dad Lee with Stefan, Ashley and Felicia.

E2 **Read the text again and find another word for *father, single* and *children*.**
Lesen Sie den Text noch einmal und finden Sie andere Ausdrücke für die folgenden Wörter.

father ____________ single ____________ children ____________

E3 **Find the plural of these words in the text.**
Suchen Sie im Text nach den Pluralformen dieser Wörter.

child ____________ name ____________ boy ____________

E4 **Complete the sentences about Lee Grindley.**
Vervollständigen Sie die Sätze über Lee Grindley.

1. Lee Grindley ____________ "Single Dad of the Year".
2. He ____________ three children.
3. He ____________ in a hotel.
4. He ____________ in a big house.
5. He ____________ a lot of work.
6. He ____________ happy.

E5 **Work in groups. Choose one or two words you want to learn from the text in E1. Ask for the meaning of the words.**
Arbeiten Sie in Gruppen. Wählen Sie aus E1 ein oder zwei Wörter, die Sie lernen möchten. Wenn Sie die Wörter noch nicht kennen, fragen Sie nach der Bedeutung dieser Wörter.
Example: What's the meaning of "big", please?

F A big family

28 **F1 Listen to Céline talking about her family. Put the pictures in the correct order.**
Hören Sie, was Céline über ihre Familie sagt. Nummerieren Sie die Bilder in der Reihenfolge, in der über sie gesprochen wird.

☐ 

☐ 

☐ 

F2 Now read about Céline and fill in the profile below.
Lesen Sie nun über Céline und tragen Sie die Angaben in ihr Künstlerprofil ein.

Meet Céline Dion

Céline Dion is a singer. Her family is from Quebec, Canada. She speaks French and English. She has a big family – thirteen brothers and sisters! Her husband, René Angélil is her manager. His father and mother are from Syria, but he is Canadian, from Quebec. He speaks Arabic, French and English. They have three homes, one in Florida, one in Montreal and one in Las Vegas. They have a boy, René-Charles.

Profile: Name ______________ Manager ______________
Nationality ______________ Children ______________

F3 Work in pairs and write the sentences with *he, she* or *they*.
Schreiben Sie die Sätze neu und verwenden Sie „she", „he" oder „they".
Example: Céline is a singer. → *She's (she is) a singer.*

1. Céline speaks French and English. ______________
2. Her parents have fourteen children. ______________
3. Céline and René have a boy. ______________
4. René speaks Arabic. ______________
5. René and Céline have three homes. ______________

F4 Complete the word puzzle with "family words".
Welche „Familienwörter" passen in dieses Rätsel, damit sich senkrecht das Wort „family" ergibt?

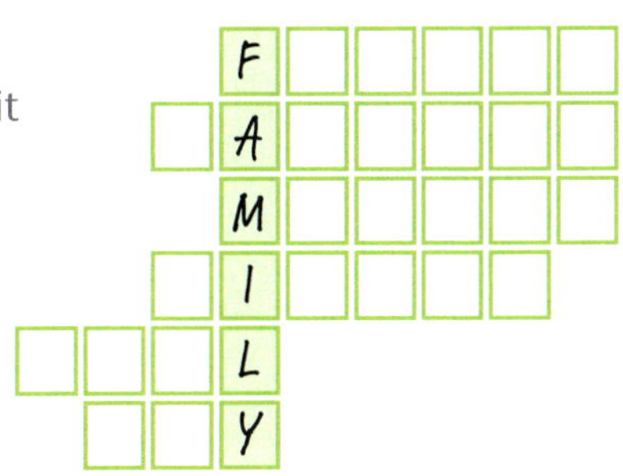

E The salsa school

43

E1 Listen to the telephone conversation and read the ads. Which club does Jaana phone?
Hören Sie ein Telefongespräch und lesen Sie die Anzeigen. Welchen Club ruft Jaana an?

Jaana phones the ______________________.

E2 Work in pairs and write four questions the interviewer asks.
Arbeiten Sie zu zweit und notieren Sie vier Fragen.

Do you	live work speak have	in Cardiff? a dance partner? Spanish?

44

Now listen and check.
Hören Sie und prüfen Sie Ihre Antworten.

E3 Write a few sentences about Jaana. Use the verbs below.
Schreiben Sie ein paar Sätze über Jaana. Verwenden Sie die folgenden Verben.

lives in | is | speaks

Janaa is from Finland.

E4 Work in pairs. Ask your partner the questions from E2.
Arbeiten Sie zu zweit und stellen Sie Ihrem Partner Fragen aus E2.

Example: ● *Do you speak* ______________ ? ▲ *Yes, I do. / No, I don't.*

Think of some other questions.
Überlegen Sie sich einige andere Fragen.
Example: Do you have a car?

E5 **Now write about your partner. Read to the others in class.**
Schreiben Sie etwas über Ihren Partner. Lesen Sie es den anderen vor.
Example: Moni lives in Berlin. She has a car. She …

F How do you relax?

45 **F1** **Listen to three people talking about how they relax. Tick ✔ the things they do.**
Hören Sie drei Personen, die erzählen, wie sie sich entspannen. Markieren Sie, was diese Personen machen.

	Alice	George	Danny
go to a fitness centre	☐	☐	☐
watch TV	☐	☐	☐
read the newspaper	☐	☐	☐
go to the sauna	☐	☐	☐
play football	☐	☐	☐
play games	☐	☐	☐
eat chocolates	☐	☐	☐
have a hot bath	☐	☐	☐
meet friends	☐	☐	☐
drink tea	☐	☐	☐
listen to music	☐	☐	☐
read a book	☐	☐	☐

F2 **Write three things you do and three things you don't do.**
Notieren Sie drei Dinge, die Sie machen, um sich zu entspannen, und drei Dinge, die Sie nicht machen.

	✔	✘
Example:	*I watch TV.*	*I don't go to the sauna.*
1.	______	______
2.	______	______
3.	______	______

F3 **Write sentences about your partner. Look at F1 for help.**
Schreiben Sie Sätze über Ihren Partner. Was meinen Sie: Wie erholt sich Ihr Partner?
Example: I think she/he goes to the sauna.

Now ask your partner and find out.
Stellen Sie nun Ihrem Partner Fragen, um Ihre Sätze zu prüfen.
Example: ● *Do you go to a fitness centre?* ▲ *Yes, I do. / No, I don't.*

F4 **Choose one of the things you do. Find someone in class who does the same thing.**
Wählen Sie eine Aktivität, die Sie zur Entspannung machen. Finden Sie jemanden im Kurs, der dasselbe macht.
Example: ● *Do you watch TV?* ▲ *Yes, I do. / No, I don't.*

D Information about people

D1 **Look at the visiting card. Match the headings with the information on the card.**
Lesen Sie die Visitenkarte. Ordnen Sie die Begriffe den Informationen auf der Karte zu.

telephone number?
email address?
company?

EUROTEC
Joe Cappello
Sales Manager

email: eurotec@kemmunet.net.mt
Tel: (+356) 348 725 Fax: (+356) 348 306
66, Tower Road, Sliema, Malta

name?
fax number?
address?
job?

D2 **Work in pairs. Write five questions about Joe.**
Arbeiten Sie zu zweit. Schreiben Sie fünf Fragen über Joe und beantworten Sie abwechselnd die Fragen.

1. *What's his name?*
2. ______
3. ______
4. ______
5. ______
6. ______

62 **D3** **Now listen to a job interview and fill in the missing information.**
Hören Sie ein Bewerbungsgespräch und ergänzen Sie die fehlenden Informationen auf dem Formular.

JOB APPLICATION FORM — EUROTEC

Name:	*Philip Andrews*
Address:	*20, Ferry Street, Sliema*
Telephone number:	*00356 21 63455*
Fax number:	*00356 21 89376*
Mobile number:	
Email address:	*@downunder.com*
Nationality:	

Work in pairs and check your answers.
Arbeiten Sie zu zweit und prüfen Sie Ihre Antworten.

D4 **Design a visiting card with information about you. Give it to your teacher.**
Entwerfen Sie eine Visitenkarte für sich selbst. Geben Sie diese Ihrem Kursleiter.

E A boat or a house?

E1 Read the article from the magazine "Woman".
Lesen Sie den Beitrag aus der Zeitschrift „Woman" und tragen Sie die Räume im „Grundriss" ein.

I love my house

I live in Portsmouth. I have four bedrooms, a living room and a small kitchen. In the kitchen, there's a round table. There are books on the table and many newspapers and magazines under the table. There are CD players and radios in all the bedrooms. The television is in the kitchen. I love my house. I live on a boat with my two cats. I have a son. He lives in France.

E2 Look at the description of the houseboat in E1 and complete the sentences.
Ergänzen Sie die Sätze. Schauen Sie sich dazu die Beschreibung des Hausboots in E1 an.

1. There's a kitchen next to the ______________ .
2. ______________ a television in the kitchen.
3. There are books ______________ .
4. There ______________ magazines ______________ the table.

E3 Work in pairs. Read about these two people. Who lives on the houseboat?
Arbeiten Sie zu zweit. Lesen Sie den Text über zwei Frauen. Wer lebt auf dem Hausboot?

Vera is a doctor. She works in a big hospital. She doesn't have a hobby.
Her work is her hobby. She likes France, French films and French red wine.

Rosie is a journalist. She reads many books, magazines and newspapers. She watches television and listens to the radio in her free time. She has two cats.

______________ lives on the houseboat.

E4 Write a few sentences about your house. Read your description to your partner. Your partner draws a plan of your house.
Schreiben Sie ein paar Sätze über Ihr Haus/Ihre Wohnung/ein Zimmer.
Lesen Sie die Sätze Ihrem Partner vor. Ihr Partner zeichnet mit.
Example: There are two bedrooms, a living room and a kitchen in my house.
There's a big table in the kitchen.

Compare the drawings with the description.
Vergleichen Sie die Zeichnungen mit der Beschreibung.

E Manager of the year

76

E1 Sophia Loretto talks about her life. Listen and complete her profile.
Sophia Loretto berichtet über ihr Leben. Hören Sie und ergänzen Sie die fehlenden Informationen.

Personal details

Name	Sophia Loretto
Nationality	______
Address	9, Via della Marina, Ivrea, Italy
Telephone number	0039 019 3570
E-mail address	loretto@italink.it
Place and year of birth	Ivrea, ______
1990	finished school
1994	finished ______
1995 – 1999	Export Department, Belo International
1999 – today	Manager of The Body Shop in Ivrea, Italy
Languages	Italian, English, ______
Interests	travelling, reading books, Australia

E2 Fill in the summary with the following verbs.
Ergänzen Sie die Zusammenfassung mit den Verben in der Vergangenheitsform.

open | start | work | study | travel | finish

Sophia was born in Italy in 1971. She ______ (1) school when she was six years old. Then she ______ (2) at the University of Perugia. She ______ (3) university in 1994. After university, she ______ (4) to Australia. In 1995, she started to work for Belo International. She ______ (5) in the Export Department. In 1999, she ______ (6) "The Body Shop" in Ivrea.

Reference p. 16

Remember
study – stud**ied**

E3 Write down a year in your life. Can your partner guess what happened in that year?
Notieren Sie ein Jahr/eine Jahreszahl aus Ihrem Leben. Kann Ihr Partner erraten, was in diesem Jahr passierte?
Example: Student A: 1954
Student B: You were born in 1954.
Student A: Yes, that's true. / No, that's not true.

F An American manager

F1 **You're going to read about an American manager, Mark Thatcher. Work in pairs.**

Sie werden einen Text über Mark Thatcher lesen. Arbeiten Sie zu zweit. Schauen Sie sich das Foto an und spekulieren Sie:

1. Where was Mark Thatcher born?
2. When was he born?
3. What does he do?
4. What are his hobbies?

F2a **Now read and find out about Mark.**

Lesen Sie und erfahren Sie mehr über Mark.

Mark Thatcher was born in Philadelphia, in 1955. His mother is Jewish and he travelled to Israel many times. After High School he started university in 1975. In the summer months, he worked as a boatman on the Colorado River. He finished university in 1980 and worked as an engineer for three years.

F2b **Work in pairs. The underlined words are verbs in the past simple. Complete the table.**

Arbeiten Sie zu zweit. Die unterstrichenen Wörter im Text sind Verben in der Vergangenheitsform. Vervollständigen Sie die Tabelle.

present simple	past simple
______	travelled
______	started
______	worked
______	finished

F2c **Now read the second part and fill the gaps with the verbs from F2b.**

Lesen Sie den zweiten Teil des Texts und ergänzen Sie die Lücken mit den Verben aus F2.

His hobbies are hiking, camping and rafting. In 1983, he ______ (1) his business.

He produced the first Teva sport sandals. In the first year, he ______ (2)

very hard and he ______ (3) to many places in the U.S.
Teva sport sandals are very popular in the U.S. and in Europe. Today, Teva sells running shoes, hiking shoes and special shoes for kayaking and water sports. Last year, Teva produced 2.5 million pairs of shoes. Today, Mark Thatcher is a very rich man.

F3 **Work in pairs and match.**

Arbeiten Sie zu zweit und ordnen Sie zu.

1. He was born	in 1975.
3. He finished university	in 1983.
2. He started university	in 1980.
4. He started his business	in 1955.

F4 **Find somebody in class who has a pair of Teva shoes.**

Finden Sie jemanden, der ein Paar Tevas besitzt.

Example: Do you have a pair of Teva shoes?

E The Ritz Hotels

E1 **What do you know about Caesar Ritz?**
Was wissen Sie über Caesar Ritz?

E2 **Read the quiz and choose an answer.**
Lesen Sie die Quizfragen und wählen Sie eine Antwort.

1. Where was Caesar Ritz born?
   - [ ] a Switzerland
   - [ ] b Austria
   - [ ] c Hungary
2. What was his first job?
   - [ ] a waiter in a hotel in Paris
   - [ ] b doorman in a hotel in Vienna
   - [ ] c chef in a hotel in Lucerne
3. Where was the first hotel?
   - [ ] a Ritz Hotel in New York
   - [ ] b Ritz Hotel in Paris
   - [ ] c Ritz Hotel in London
4. When did he open the Ritz Hotel in London?
   - [ ] a 1906
   - [ ] b 1898
   - [ ] c 1890
5. What does the word "ritzy" mean?
   - [ ] a expensive
   - [ ] b golden
   - [ ] c dangerous
6. How many Ritz Hotels are there today?
   - [ ] a 80
   - [ ] b 65
   - [ ] c 25

E3 **Now read the text and check your answers in E2.**
Lesen Sie den Text und prüfen Sie Ihre Antworten.

Caesar Ritz was born in February 1850, in Niederwald, Switzerland. When he was 17, he went to Paris and worked as a waiter for many years. In 1898, he opened the first Ritz Hotel in Paris. In 1906, he opened the Ritz Hotel in London, then the one in Madrid. His nickname was "the king of the hoteliers and hotelier of the kings".

The Ritz Hotels were the first hotels with a private bathroom in every room. They are famous for their luxury and the word "ritzy" means expensive. Today, there are 35 Ritz Hotels in the United States and 30 hotels in 25 countries around the world. Ritz died in 1918 in Küssnacht, Switzerland.

E4 **Read the summary of the life of Caesar Ritz. In the sentences 1.–5. put the verbs in the past tense. Then find the right order.**
Lesen Sie die Zusammenfassung über das Leben von Caesar Ritz. Setzen Sie die Verben in der Vergangenheitsform ein und bringen Sie die Sätze in die richtige Reihenfolge.

1. When he _______ (is) 17 years old, he _______ (go) to Paris and _______ (work) as a waiter.
2. He _______ (die) in 1918.
3. Caesar Ritz _______ (be) born in 1850.
4. He _______ (meet) his wife, Marie, in 1888. They _______ (have) two sons.
5. In 1898, he _______ (open) the first Ritz Hotel in Paris, then the Ritz Hotel in London.

92 **Listen and check your answers.**
Hören Sie und überprüfen Sie Ihre Antworten.

E5 **What facts do you know about the life of another famous person? Write a few sentences. Can the rest of the class guess who the famous person is?**
Was wissen Sie über das Leben einer anderen berühmten Person? Schreiben Sie ein paar Sätze darüber. Können die anderen erraten, um wen es sich handelt?

F Festivals and holidays

F1 Match the words with the name of the festival.

Ordnen Sie die Wörter den Feiertagen zu.

festival of light | parade | turkey | girls | shamrock | candles
green | giving thanks | national holiday

Thanksgiving — Santa Lucia — St Patrick's Day

F2 Read about these festivals and holidays.

Lesen Sie die Texte und ordnen Sie sie den Bildern und den Feiertagen in F1 zu.

1. This is the Swedish "festival of light" and the longest night of the winter. On this day, you can see many girls in white dresses with four candles on their heads. Friends and families spend the day together.

2. Thousands of people have parties on this day. There are parades in many cities in the United States of America. On this day, green is the popular colour. The shamrock, the national plant of Ireland, is a symbol of good luck.

3. This is a day of giving thanks. It is a national holiday. Families and friends spend the long weekend together. Turkey is the traditional food on this day.

F3 Now match the holiday with the country and the month of celebration.

Ordnen Sie nun den Feiertag dem Land und dem Monat zu, in dem er gefeiert wird.

Santa Lucia	America	March
St Patrick's Day	Sweden	November
Thanksgiving	Ireland	December

F4 Are these holidays American, British or both?

Gibt es diese Feiertage in den USA, in Großbritannien oder in beiden Ländern?

	USA	UK
New Year's Day	✓	✓
Valentine's Day	___	___
Martin Luther King Day	___	___
Easter Monday	___	___
May Day	___	___
Labor Day	___	___
Halloween	___	___
Thanksgiving	___	___

F5 What's your favourite festival? Is that festival also a holiday?

Welchen Feiertag mögen Sie am liebsten? Ist dieser Feiertag gleichzeitig ein freier Tag? Wie verbringen Sie diesen Feiertag in Ihrem Land? Schreiben Sie ein paar Sätze darüber und erzählen Sie den anderen davon.

Example: My favourite festival in Malta is "carnival". I spend the day with my friends. We go to many parties.

Hello Stefan,

Greetings from Bournemouth! The language school is very international. There are students from Austria, France, Spain, China and Japan. The teachers are really nice. The weather is not so good – rain and rain again.

See you next week!
Love,
Janine

English is easy!

The English language has more than one million words. But many words come from other languages, like the words **alcohol**, **bazaar**, **boss**, **circus**, **drama**, **garage**, **vodka**. **Alcohol** and **orange** are Arabic words, **bazaar** is Persian, **boss** is Dutch, **circus** is Latin, **drama** is Greek, **garage** is French and **vodka** is Russian. 35% of English words are Germanic. Many English words are the same as in German, for example, the words **hand**, **finger** and **ring**. In English, there are German words, too, like **kindergarten** or **rucksack**. We also find many English words in the German language like **computer**, **manager**, **email** or **pop music**. Then we have words that are international like **information**, **hotel** or **film**.

This is good for **German learners!** English is easy for **German speakers!**

21 brothers and sisters

Jan van Winkelen comes from a family of 21 brothers and sisters. His mother has 5 children – 2 girls and 3 boys. Her second husband has 10 children. Together, they have 6 more children. The large family lives in a big house in The Hague, Holland. The children in the family help their mother. Jan says: "I'm happy to have so many brothers and sisters. But it's a culture shock for my girlfriend. She has no brothers or sisters in her family. She's the only child."

Stars • Catherine Zeta Jones

Catherine Zeta Jones is a famous Hollywood film star. She comes from Swansea, in South Wales. Her mother is Irish and her father is Welsh. She has two brothers, David and Lyndon. Catherine speaks Welsh. She is married to Michael Douglas and has a son and a daughter, Dylan and Carys. Both Catherine and her husband work very hard but they have time for their family. Catherine says: "My family is the most important thing". Catherine is intelligent, talented and very popular.

From Russia with love • Anna Netrebko

Anna Netrebko is a young Russian opera singer. She gives concerts in many different cities and in all the famous opera houses of the world, for example, in New York (in The Metropolitan Opera), London (in Covent Garden), Milan (in La Scala), Madrid (in Teatro Real) and Vienna (in the State Opera). In an interview with Scott Simon on National Public Radio, she said: "I like to eat, I like to drink red wine or champagne, I like to go out with friends, to go to discos, to the cinema. I'm young and I want to have fun." Her English is now very good. She is a new star and is very popular.

My dream job

My name is Evelina. I'm 14 years old. I come from Sweden. In my family we do a lot of sports. I love horses. My hobby is horse-riding. I want to be a horse masseur.

My name is Mariya. I live in Minsk, Belarus. I like dancing, singing, cooking, drawing, swimming and watching TV. I like ice cream and oranges. I want to be a professional food taster and write books about good food.

We all know that 1 + 1 = 2, but there are people who don't understand simple mathematics. The "Piraha" are a group of 300 people who live in the Amazon. They don't understand numbers and cannot count. They are also the only people in the world who have no words for colours. They cannot write and they don't sleep for more than two hours at a time. Professor Daniel Everett from the University of Manchester in England knows the "Piraha" and speaks their language. He says that the "Piraha" are happy to be different and that they don't want to learn the concept of numbers.

Unit 5 & 6

The Harry Potter Story

Joanne Kathleen Rowling was born in July 1966. She is the author of the famous series of books about **Harry Potter**: The stories of Harry and his friends Hermione and Ron are popular with young and old. **Joanne** wrote her first book when she was six. She wrote her first **Harry Potter** book in a café near her house in Edinburgh when her daughter was very young. She took five years to write the first book. She had no computer and wrote the stories by hand. The **Harry Potter** books are best-sellers around the world. Tens of millions of books were translated in many languages. Millions of fans saw **Harry Potter and the Sorcerer's Stone** – the first Harry Potter film.

Renée Zellweger

Renée Zellweger is a famous American film star. In the film "Bridget Jones's Diary" she played the part of a young single woman in London. She spent many months in London to learn how to speak 'British English!'. Renée was born in Texas in April 1969. She's the daughter of European parents. Her mother is Norwegian and her father is a Swiss engineer. Her parents were immigrants. After high school, Renée went to university in Texas. She has a dog, Dylan. "I'm romantic", she says. Renée has lots of friends. They say, "We call her 'Zelly'. She's just like the girl next door!"

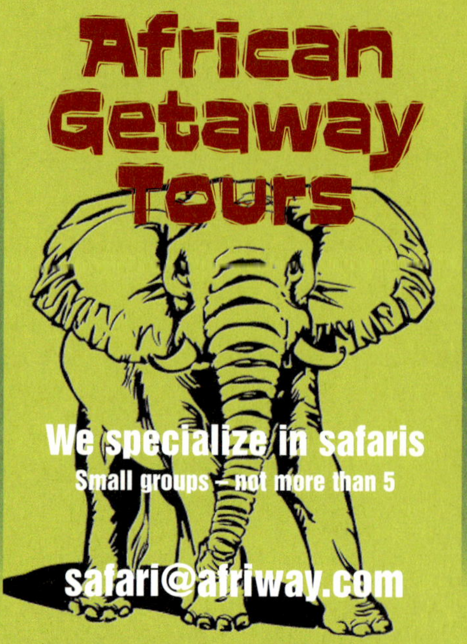

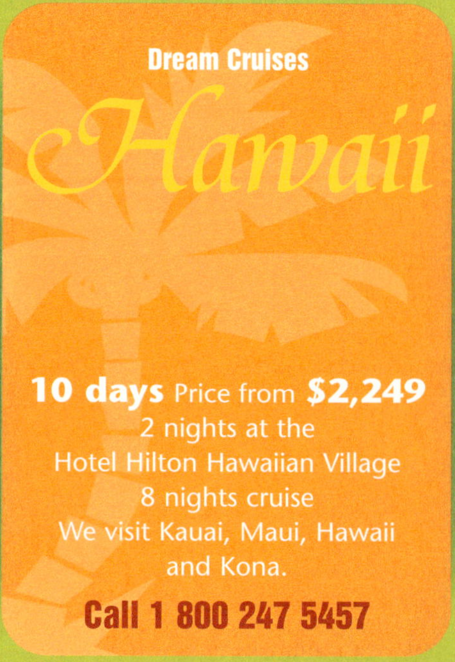

Football World Championship

Jürgen Klinsmann, the famous football player, was born in Göppingen, Germany in 1964. His friends called him the "golden bomber" because of his blond hair. His family has a bakery in Botnang, near Stuttgart, and Jürgen is a trained baker. He always loved football and started to play when he was eight. He started his professional career when he was seventeen with the "Stuttgart Kickers". He played in many countries in Europe – in France, Italy and England. He left the German national team in 1988 after the World Cup and started to work for a sports company in the US. In July 2004, he returned to Germany as the new coach of the national team.

Consolidation 3 – File for student B

Student B

C5 **Describe your picture to student A.**
Beschreiben Sie Ihrem Partner Ihr Bild. Verwenden Sie die angegebenen Wörter. Welches Ende der Bildgeschichte gefällt Ihnen?

rucksack
travel guide book
birthday card

H You and me – people from Europe

H1 Find the odd word out.

Welches Wort passt nicht zu den anderen in der Reihe? Markieren Sie es.

1. coffee | tea | hot chocolate | beer
2. café | bar | school | restaurant
3. banana | fish | orange | kiwi
4. ring | T-shirt | jacket | blazer

H2 Unjumble these words.

Bringen Sie die Buchstaben in die richtige Reihenfolge.

1. d l a a s ____________
2. s a d w h i c n ____________
3. p l u l v e o r ____________
4. i h c e o t e l p r ____________

H3 Put the sentences in the right order. Then listen and check.

18

Bringen Sie die Sätze in die richtige Reihenfolge. Dann hören und vergleichen Sie.

- [1] Hello! My name's Vikki.
- [ ] Nice to meet you, too.
- [ ] Sarah, this is my friend Ben from Malta.
- [ ] Hi, Vikki. My name's Sarah.
- [ ] Nice to meet you, Ben.

H4 Complete the following conversation. Then listen and check.

19

Vervollständigen Sie den folgenden Dialog. Hören Sie dann und prüfen Sie Ihre Antworten.

Sue: Hello, I'm Sue. What's your name?

Jerry: Hello, Sue. ________ Jerry.

Sue: Where are you from, Jerry?

Jerry: ________ ________ Bath.

H5 Complete the sentences with *am*, *are* or *is*.

Vervollständigen Sie die Sätze mit „am", „are" oder „is".

1. Hello, I ________ Susan.
2. My name ________ Rudi.
3. This ________ Gabi Lussem from Aschaffenburg.
4. What ________ your name?
5. Where ________ you from?

H6 Match the country and the nationality.

Verbinden Sie Ländernamen und Nationalitäten.

1. USA
2. Italy
3. England
4. Russia
5. Greece
6. Turkey

a. English
b. Greek
c. Turkish
d. American
e. Italian
f. Russian

H7 **Can you find the names of the towns, countries or nationalities?**
Vervollständigen Sie die Sätze mit Städten, Ländern oder Nationalitäten.

1. You can eat good chocolates in …
2. Garry Kasparov is …
3. The Eiffel Tower is in …
4. Pavarotti is from …
5. Vienna is in …
6. Flamenco is a … dance.
7. BMW is a … car.

Great _ _ _ _ _ _ _ is England, Scotland and Wales.
The UK (United Kingdom) is Great Britain and Northern Ireland.

H8 **Write the questions.**
Schreiben Sie Fragen, die zu den Antworten passen.

1. ______________________________ ? I'm from Spain.
2. ______________________________ ? My name's Bert.
3. ______________________________ ? I'm Austrian.

H9 **Write the long form.**
Ändern Sie die Kurzformen in den Sätzen und schreiben Sie die langen Formen (ohne Apostroph) auf.

1. My name's Petra. ______________________________
2. I'm from Greece. ______________________________
3. What's your name? ______________________________

H10 **Read the text about Renée Zellweger and choose the correct word for each space.**
Lesen Sie den Text über Renée Zellweger und wählen Sie das richtige Wort für die Lücken.

Hi, (1) ________ 'm Renée Zellweger. (2) ________ 'm American, but (3) ________ father is from St Gallen in Switzerland. (4) ________ mother is from Norway. (5) ________ have one brother, Drew Zellweger. (6) ________ 'm a film star and I live in Texas.

(1) my / I (3) my / I (5) my / I
(2) my / I (4) my / I (6) my / I

H11 **Write five sentences about yourself.**
Schreiben Sie fünf Sätze über sich selbst.

1. My name's ______
2. I'm from ______
3. I'm ______
4. I live in ______
5. I speak ______

H12 **Count the syllables and write the words in the correct column.**
Zählen Sie die Silben und tragen Sie die Wörter in die richtige Spalte ein.

~~car~~ | ~~taxi~~ | salad | pizza | bus | jeans | hello | hi | teacher | nice

1 syllable	2 syllables
car	taxi

Online-Übungen zu dieser Unit finden Sie im Internet unter:
www.hueber.de/next
Code: XS01

H13 **Put these words and phrases on the word wheels.**
Ordnen Sie diese Wörter und Ausdrücke den Wort-Igeln zu.

good morning | nice to meet you | good night | bye | see you next week | good evening

Hello

Goodbye

H14 **Match the phrases.**
Verbinden Sie die Sätze so, dass sich Begrüßungen und Verabschiedungen ergeben.

1. Hello, I'm Maria.
2. Hello, Frank.
3. I'm Robert.
4. Where are you from?
5. Goodbye, Gabi.
6. Bye, Anja.

a. Nice to meet you!
b. Bye. See you next week.
c. Hello, Ann.
d. Goodbye, Rudi.
e. I'm from Italy.
f. Hello, Maria. I'm John.

H People in my life

H1 Complete the dialogues with the words below.

Vervollständigen Sie die Dialoge mit den angegebenen Wörtern so, dass sich die Personen begrüßen.

thanks | fine | you | bad | well | how

1. Alex: Hello, Isabelle. How are you?
   Isabelle: Hello, Alex. I'm fine, ____________ . And you?
   Alex: Very ____________ , thank you.
2. Anja: Hi, Viola, ____________ are you today?
   Viola: Not too ____________ , thank you.
   And how are ____________ ?
   Anja: I'm ____________ , thanks.

29 **Now listen and check.**

H2 Look at this list of "family words". Which words mean the same?

Schauen Sie sich die Aufzählung von Wörtern an, die mit Familie zu tun haben.
Welche Wörter bedeuten dasselbe?

granny | daddy | mum | grandpa | dad | mummy

mother ____________ *mum* ____________ ____________

grandmother ____________ ____________

father ____________ ____________ ____________

grandfather ____________ ____________

H3 Find the odd word out.

Welches Wort passt nicht zu den anderen in der Reihe? Markieren Sie es.

1. father | son | daughter | children
2. grandmother | father | grandma | granny
3. sister | mother | daughter | father

H4 Read about Jane. Then write sentences about one of your friends.

Lesen Sie die Sätze über Jane. Dann schreiben Sie ähnliche Sätze über eine Freundin / einen Freund.

Jane

Hello, my name's Jane.
I'm from Scotland.
I speak English and German.
I live in Linz.
I have a sister in Wales.
I have two children.
I love fish.

My friend ...

Her name is ____________
She's from ____________
____
____
____
____
____

H5 **Read Jessica's postcard.**
Lesen Sie die Urlaubspostkarte, die Jessica geschrieben hat.

Now write sentences *about* Jessica and her family.
Schreiben Sie Sätze *über* Jessica und ihre Familie.

Jessica, Hans and the children are on holiday in Italy. They ______________________

____

____

H6 **Complete with *they* or *their*.**
Tragen Sie *they* oder *their* in diesen kurzen Text ein, um zu prüfen, dass Sie die Verwendung dieser Wörter verstanden haben.

My friends aren't English. __________ are from Austria. __________ live in a big house, but __________ garden is small. __________ children live in Graz. __________ have two daughters and one son. __________ son is a doctor.

30 **Now listen and check.**
Hören Sie den Text und prüfen Sie Ihre Antworten.

Online-Übungen zu dieser Unit finden Sie im Internet unter:
www.hueber.de/next
Code: XS02

H7 **Complete the sentences.**
Vervollständigen Sie die Sätze mit Wörtern im Plural.

1. His father has one sister and two ______________ .
2. The students at the evening school have two English ______________ .
3. Germany and France are big ______________ .
4. There are ten ______________ in our English class.
5. My brother has one child, but my sister has four ______________ .

H8 **Complete the sentences with *have* or *has*.**
Vervollständigen Sie die Sätze mit *have* oder *has*.

1. She ________ a big brother.
2. We ________ nice friends.
3. He ________ a big family.
4. Mr and Mrs Kirfeld ________ a small house in Mallorca.
5. I ________ a super dad.
6. They ________ two teachers.

H9 **Write sentences about people from Europe.**
Schreiben Sie Sätze über Personen aus Europa.
Example: Richard is Scottish. He's from Perth and he has a boy and a girl.

name	country	town	children
Richard	Scotland	Perth	a boy and a girl
Anna	Switzerland	Geneva	two girls
Albano	Italy	Perugia	a boy
Thomas and Anna	Ireland	Cork	three girls
Peter and Suzanne	Austria	St. Pölten	a girl

31 **Now listen and check.**
Hören Sie und prüfen Sie Ihre Sätze.

H10 **Complete with *she/her, he/his, we/our* and *they/their*.**
Vervollständigen Sie die Sätze mit den entsprechenden Pronomen.

1. Jane is my sister. ______ works in Spain. ______ office is in Barcelona.
2. Giorgio is Greek. ______ plays the guitar. ______ hobby is golf.
3. Tom and Jenny are our friends. ______ have three children. ______ daughter is in England.
4. My sister and I are German. ______ live in Berlin. ______ brother works in Paris.

32 **H11** **Listen and write the numbers. Put the words in the plural.**
Hören Sie die Sätze und notieren Sie die Zahlen. Ändern Sie dann die Wörter in Pluralformen um.

1. child ______
2. student ______
3. brother and sister ______
4. number ______
5. country ______

H12 **Find the numbers from one to ten.**
Können Sie in diesem Buchstabenrätsel die Zahlen von 1-10 entdecken? Sie sind waagrecht, senkrecht, diagonal, vorwärts und rückwärts „versteckt".

WORD SEARCH

O	D	K	E	E	Y	F	O	F	X
S	E	V	E	N	I	B	W	O	V
M	G	R	X	V	O	G	T	U	O
C	H	I	E	N	I	N	H	R	J
T	S	Q	Q	T	E	N	E	T	U

H13 **Match the questions and answers.**
Verbinden Sie die Fragen mit den passenden Antworten.

1. What's your name?
2. Are you Polish?
3. How are you?
4. What's your phone number?
5. Where are you from?

a. I'm from Belgium.
b. Stefanie Berger.
c. It's 338962.
d. Not too bad, thanks.
e. No, I'm not. I'm from Russia.

H Free time activities

H1 Free time activities: Match the words.

Ordnen Sie zu.

watch	the radio
read	tennis
play	TV
listen to	the newspaper

H2 Free time activities: Complete the word puzzle.

Vervollständigen Sie das Worträtsel mit Wörtern aus dem Bereich „Freizeit".

dance hip-
play ... games
play
read a
listen to
watch a
read the

H3 Complete the sentences with the negative.

Vervollständigen Sie die Sätze, indem Sie die Verben verneinen.

I live in Germany. I ______________ live in France.

They have two sons. They ______________ have a daughter.

We like salsa, but we ______________ like hip-hop.

You drink wine, but you ______________ drink beer.

I like football. I ______________ like tennis.

We speak German, but we ______________ speak French.

I like coffee, but I ______________ like hot chocolate.

H4 What is true for you?

Schreiben Sie wahre Sätze über sich selbst.

I don't like ______________ .

I don't have ______________ .

I don't live in ______________ .

I don't speak ______________ .

H5 Complete and answer the questions.

Vervollständigen Sie die Sätze und antworten Sie.

Do you ______________ football? ______________

______________ you live in Germany? ______________

Do you ______________ hamburgers? ______________

______________ your parents listen to music? ______________

H6 **Write six questions.**
Schreiben Sie sechs Fragen.

Do you	like live have speak	in Switzerland? pop music? English? a brother? Madonna? here?

H7a **Write questions with the words below.**
Schreiben Sie zunächst Fragen mit den folgenden Wörtern.

		Sylke yes	Sylke no
1. newspaper?	*Do you read the newspaper?*	☐	☐
2. radio?		☐	☐
3. computer games?		☐	☐
4. mobile phone?		☐	☐

46 **H7b** **Now listen to the interview with Sylke and compare the questions. Tick the answers Sylke gives.**
Hören Sie einen anderen Teil aus dem Interview mit Sylke und vergleichen Sie die Fragen. Markieren Sie dann, ob Sylke mit ja oder nein geantwortet hat.

H8 **Read about Sam.**
Lesen Sie den Text über Sam.

SAM'S BLOG

Hi, my name's Sam and I'm a taxi driver. I live and work in Seattle. I work in the evenings. I have a lot of free time. I listen to the radio, read the newspaper or write letters to my friends. I have two brothers, but I don't live with my family. I also play the guitar.

4 comments archive view profil

Now tick the sentences that are true for you and correct the false ones.
Markieren Sie die Sätze, die auf Sie zutreffen. „Korrigieren" Sie die falschen Sätze.

I live and work in Seattle. *I don't live and work in Seattle.*

I work in the evenings. ______

I have a lot of free time. ______

I listen to the radio. ______

I don't live with my family. ______

I play football. ______

47

H9 **Listen and tick ✔ the numbers.**
Markieren Sie die Zahlen, die Sie hören.

11 ☐	12 ☐	13 ☐	14 ☐	15 ☐
16 ☐	17 ☐	18 ☐	19 ☐	20 ☐

H10 **Write the numbers in words.**
Schreiben Sie nun die Zahlen aus.

11 ______________________	12 ______________________
13 ______________________	14 ______________________
15 ______________________	16 ______________________
17 ______________________	18 ______________________
19 ______________________	20 ______________________

H11 **What comes next?**
Welche Zahl folgt? Schreiben Sie sie auf.

three, six, nine, ______________________

eighteen, seventeen, sixteen, ______________________

five, ten, fifteen, ______________________

twenty, sixteen, twelve, ______________________

H12 **Find the free time activities.**
Wie lauten die Freizeitaktivitäten in diesem Rätsel?

Across
3. a free time activity (game) for two players

Down
1. a free time activity for two teams of eleven players
2. a dance
4. sing a song (in a club)

H Work and life

H1 Word puzzle.

Vervollständigen Sie das Kreuzworträtsel
mit den entsprechenden Berufsbezeichnungen.

Down
Senkrecht
1. works in a restaurant
2. works in the house
3. works in a hospital: clown ...
4. works in a school

Across
Waagrecht
5. works in an office: office ...
6. works in a shop: shop ...

H2 Fill in 'a' or 'an'.

Ergänzen Sie die Berufsbezeichnungen mit „a" oder „an".

1. I'm _____ office worker.
2. I'm _____ student.
3. He's _____ assistant.
4. She's _____ housewife.
5. Are you _____ computer programmer?

H3 Make new job words from these words.

Wie heißen die Berufe? Bilden Sie neue Wörter.
Example: teach + er = teacher, programm(e) + er = programmer

1. farm _____
2. danc(e) _____
3. sing _____
4. driv(e) _____
5. football _____
6. play _____
7. work _____

63 **Now listen and check.**
Hören Sie und prüfen Sie Ihre Antworten.

Focus on sounds
Im Britischen Englisch spricht man bei vielen Berufsbezeichnungen das „r" am Wortende nicht aus.

H4a Complete the text with *like, likes, goes (x2), works, lives, has.*

Lesen Sie den Text über Sandra und ergänzen Sie die Lücken.

Sandra _____ in London and is a single parent. She doesn't _____ office work. Sandra's a dog walker. She _____ her job because it keeps her fit. She _____ to the park with all dogs. Sandra _____ very hard. She _____ to lots of pet shops and leaves her visiting card. She also _____ a website – www.woof-petsitters.co.uk

64 **Now listen and check your answers.**
Hören Sie und prüfen Sie Ihre Antworten.

H4b **Write questions for these answers.**
Formulieren Sie Fragen über Sandra, die zu den Antworten passen.

1. *What does she do?* She's a dog walker.
2. ______ In London.
3. ______ To the park.
4. ______ To lots of pet shops.

H5 **Complete the conversation about Joe.**
Wo arbeitet Joe? Im folgenden Gesprächsausschnitt fehlt in jeder Zeile ein Wort. Ergänzen Sie es.

▲ What ______ Joe do?
● He's ______ waiter.
▲ ______ does he work?
● He ______ in a café.
▲ ______ he like his job?
● Yes, he ______ . He meets lots of people.

65 **Listen and check.**
Hören und vergleichen Sie.

H6 **Complete the sentences with *do, don't, does, doesn't*.**
Ergänzen Sie die Sätze mit „do, don't, does, doesn't".

1. ______ you like jazz?
2. ______ your husband speak English?
3. Steve ______ smoke.
4. ______ she work in an office?
5. I ______ like dancing.

H7 **Circle the correct word.**
Markieren Sie das richtige Wort.

1. Mark has / have three sisters.
2. Susan like / likes classical music.
3. Sarah don't / doesn't eat pizza.
4. They are / is our friends.
5. Do / does you like fish?
6. He work / works in Paris.

66 **H8** **Tick the letters you hear.**
Markieren Sie die Buchstaben, die Sie hören.

1.	E	☐	A	☐	2.	I	☐	Y	☐
3.	P	☐	B	☐	4.	J	☐	K	☐
5.	V	☐	W	☐	6.	Q	☐	U	☐
7.	S	☐	Z	☐	8.	D	☐	E	☐
9.	U	☐	W	☐	10.	D	☐	T	☐
11.	X	☐	S	☐	12.	G	☐	J	☐
13.	A	☐	H	☐	14.	E	☐	I	☐

Online-Übungen zu dieser Unit finden Sie im Internet unter:
www.hueber.de/next
Code: XS04

67 **H9** **Listen and write the letters.**
Hören Sie einige Abkürzungen und notieren Sie diese.

1. *USA* 2. ______ 3. ______ 4. ______ 5. ______
6. ______ 7. ______ 8. ______ 9. ______ 10. ______

H10 **There are six office words in the word puzzle. Can you find them?**
Im folgenden Rätsel sind sechs Wörter aus dem Bereich „Büro" versteckt. Können Sie sie finden?

1. ______________ 4. ______________
2. ______________ 5. ______________
3. ______________ 6. ______________

WORD SEARCH

G	C	O	M	P	U	T	E	R
D	H	V	V	P	Z	N	X	F
T	E	S	Z	G	E	N	C	Z
A	B	S	R	P	A	O	C	C
B	O	O	K	S	H	E	L	F
L	O	U	H	B	H	J	A	H
E	K	Y	Z	K	H	E	M	E
T	E	L	E	P	H	O	N	E

68 **H11** **Listen and match.**
Hören Sie und verbinden Sie die entsprechenden Satzteile.

1. Peter	rucksack	in my room.
2. Susan	keys	under the table.
3. Mum	T-shirt	next to the telephone.
4. Amanda	English book	on your desk.

H12 **Look at the picture in H13 below. Correct the sentences.**
Schauen Sie sich das Bild in H13 weiter unten an. Korrigieren Sie die Sätze.
Example: The TV is on the table. The TV ***isn't*** *on the table. It's on the cupboard.*

1. The CDs are on the TV.
2. The football is next to the table.
3. The books are on the table.
4. The T-shirt is on the sofa.
5. The rucksack is under the table.

H13 **Describe the living room in the picture.**
Beschreiben Sie das Wohnzimmer auf dem Bild. Schreiben Sie fünf Sätze.
Examples: There's a TV on the cupboard. There are four chairs and two armchairs.

H14 **Write four sentences about your classroom. Use *there is* or *there are*.**
Schreiben Sie vier Sätze über Ihr Klassenzimmer. Verwenden Sie dazu „there is" oder „there are".

H This is my life

77

H1 Listen to this rhyme. Tick the months you hear and complete the sentences.

Hören Sie diesen Reim. Markieren Sie die Monate, die Sie hören und ergänzen Sie dann die Sätze.

January ☐	February ☐	March ☐
April ☐	May ☐	June ☐
July ☐	August ☐	September ☐
October ☐	November ☐	December ☐

September has ________ days.
February has ________ days.
In a leap year, February has ________ days.

Focus on vocabulary
A "leap year" has 366 days.

H2 Answer the questions.

Antworten Sie auf folgende Fragen.
Example: When's Christmas? – In December.

1. When's Valentine's Day? ________
2. When's Mother's Day? ________
3. When's Easter? ________
4. When's New Year's Day? ________
5. When's your birthday? ________

H3 Complete the crossword.

Machen Sie dieses Kreuzworträtsel.

Across
3. This is a hot month.
4. This is the month after June.
5. This is a grey month.

Down
1. There is snow in this month.
2. Halloween is in this month.
4. There are lots of flowers in this month.

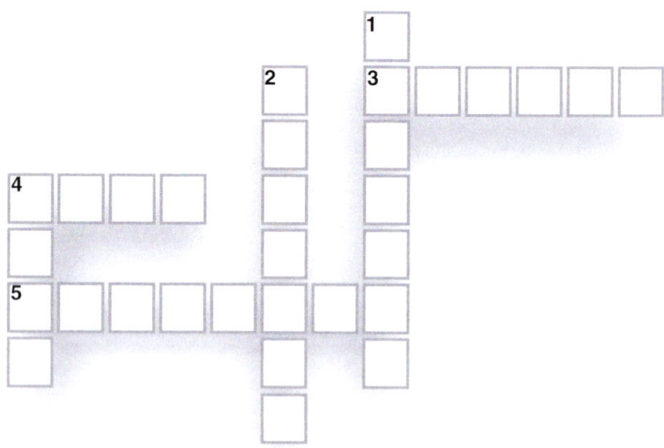

H4 Say these numbers.

Sagen Sie diese Zahlen.

25 | 36 | 44 | 58 | 67 | 78 | 83 | 99 | 13 | 30

78

Now listen and repeat.
Nun hören Sie und sprechen Sie nach.

79

H5 Tick the numbers you hear.

Markieren Sie die Zahlen, die Sie hören.

67 ☐	15 ☐	79 ☐	18 ☐	78 ☐
76 ☐	50 ☐	97 ☐	80 ☐	87 ☐

H6 **Say the following dates.**
Sagen Sie die Jahreszahlen.

1999 | 1900 | 1978 | 2000 | 2006

80 **Now listen and check.**
Nun hören und wiederholen Sie.

H7 **Write the following dates.**
Schreiben Sie die folgenden Jahreszahlen.

1. 1957 nineteen fifty-seven
2. 2003 ______
3. 1900 ______
4. 1586 ______
5. 1784 ______

81 **H8** **Listen to Matthew and complete the sentences with the correct date.**
Hören Sie Matthew zu und ergänzen Sie die Sätze mit den richtigen Jahreszahlen.

1961 | 1944 | 1968 | 1973 | 1970 | 1949

I was born in Cyprus in ______. I started school when I was five years old, in ______. I finished school in ______. Then I started my business. I married Rita in ______. My daughter was born in ______ and my son, three years later, in ______. We lived in Greece for five years, from 1978 to 1983. Now, we are back in Cyprus. We love it.

H9 **Complete the sentences.**
Ergänzen Sie die Sätze mit „was" oder „were".

We were in Portugal last year. We travelled to Lisbon by plane. We visited lots of places. The weather ______ (1) very nice. We stayed in small hotels. The food ______ (2) good. The people ______ (3) friendly. It ______ (4) a lovely holiday. We liked Portugal very much.

Focus on spoken English
Wenn man nicht die genaue Zahl/Menge angeben kann, verwendet man „lots of".

H10 **Complete the sentences with *was* or *were*.**
Ergänzen Sie die Sätze mit „was" oder „were".

1. Where ______ you born?
2. I ______ born in Cyprus.
3. There ______ two people in the office.
4. I ______ in Sydney in 1994.
5. It ______ very cold this winter.
6. My husband ______ n't very happy with his new job.

H11 **Complete the sentences and put the verbs in the past simple.**
Ergänzen Sie die Sätze mit Verben in der Vergangenheit.

1. When I was five years old, we ________________ (live) in Cyprus.
2. Yesterday, I ________________ (watch) TV.
3. My brother ________________ (start) school when he ________________ (is) five years old.
4. It ________________ (is) his birthday last week.
5. The children ________________ (play) football.
6. There ________________ (are) ten girls and eight boys in my class.

H12 **Write true sentences with these verbs in the past simple.**
Verwenden Sie die folgenden Verben in der Vergangenheit und schreiben Sie richtige Sätze über sich selbst.
Example: I was born in 1954.

was | started | finished | worked | lived | travelled

1. ____
2. ____
3. ____
4. ____
5. ____
6. ____

Online-Übungen zu dieser Unit finden Sie im Internet unter:
www.hueber.de/next
Code: XS05

H13 **Complete the sentences.**
Ergänzen Sie die Sätze mit einem Wort.

1. I was born __________ 1985.
2. I live __________ Brighton.
3. I worked __________ many countries.
4. My birthday is __________ January.
5. I'm a doctor. I work __________ a hospital.

82
Reference p. 16

H14a **Listen to the '-ed' endings of these verbs.**
Hören Sie die '-ed'-Endungen der folgenden Verben.

worked [t]
opened [d]
started [id]

Focus on sounds
Man spricht die Endung -ed auf drei unterschiedliche Arten aus.
worked [t] opened [d] started [id]

83

H14b **Now listen and write the sound [t], [d], [id] after the verb.**
Hören Sie und notieren Sie den entsprechenden Laut [t], [d], [id] nach jedem Verb.

I started (___) school when I was six years old. I finished (___) school when I was sixteen. I married (___) Tony when I was twenty-one. Then, I worked (___) and lived (___) in Germany for many years. In 1998, we travelled (___) to Switzerland. We liked (___) the Swiss very much, but most of all we liked (___) the Swiss chocolate!

H Long weekends and holidays

H1 Read the holiday ads and then match the headlines with the ads.

Lesen Sie die Urlaubsanzeigen und ordnen Sie dann die Überschriften den Texten zu.

1. The different holiday
2. Active holiday in Hungary
3. Canoeing in Quebec

☐ a. For outdoor specialists. The rivers are excellent for a canoe and camping trip. Travel by canoe for about 6 hours a day. Beginners are welcome.

☐ b. Travel in Australia by bus. We take you to all the main sites – Ayers Rock, Kakadu National Park, the Great Barrier Reef, Sydney. We offer a different kind of holiday – a combination of national parks, aboriginal culture and interesting cities.

☐ c. Historic towns, culture and museums. Taste the fine Hungarian food and listen to gypsy music. Active people can also play golf in our golf club.

H2 Match the words to make word partners. Read the ads again to check.

Verbinden Sie die Wörter aus Spalte A mit Wörtern aus Spalte B, um Wortpartner zu bilden. Lesen Sie die Anzeigen noch einmal, um die Wortpartner zu überprüfen.

A	B
outdoor	towns
national	music
historic	club
golf	parks
gypsy	specialists
active	people

H3 Can you find the past simple forms of these verbs in the crossword?

Können Sie die Vergangenheitsformen der Verben finden? Sie sind senkrecht, waagrecht, diagonal, vorwärts oder rückwärts im Kreuzworträtsel „versteckt".

drive | meet | have | are | leave | fly | see | go | give | drink

V	Y	D	F	Z	C	Q	X	G	E
Y	Z	R	R	L	W	L	J	R	V
T	H	O	N	A	E	I	E	Q	A
Q	I	V	T	F	N	W	V	H	J
Q	M	E	T	J	T	K	A	T	I
D	X	F	Y	P	V	D	G	S	N

H4a **Mark went to Spain last month. Fill in the sentences with the verbs from H3 in past simple.**
Mark reiste im letzten Monat nach Spanien. Lesen Sie seinen Bericht und tragen Sie die Verben von H3 in der Vergangenheitsform ein.

First we (1) ________ (fly) to Madrid. There we stayed at a small hotel in the city centre. We (2) ________ (see) a lot of interesting places. Then we (3) ________ (drive) to Malaga, where we (4) ________ (meet) friends. We (5) ________ (are) very happy to be there. The food (6) ________ (is) excellent and the wine too. We (7) ________ (have) fish every day. We stayed there for a week and flew back last week. Now I am sad that the holiday is over.

H4b **Ella went to Italy. Complete the text with the verbs in the past simple.**
Ella fuhr nach Italien. Vervollständigen Sie ihren Bericht mit Verben in der Vergangenheit.

I ________ an awful time on my last holiday. I ________ to Italy and stayed at a hotel. My room ________ small and hot. I ________ to the beach but the sea was dirty. The food ________ terrible. We ________ spaghetti or pizza every night. I was happy to fly back home.

93 **Now listen and check your answers.**
Hören Sie und prüfen Sie Ihre Antworten.

H5 **Where were you on your last holiday? Write a few sentences. Look at H4 to help you.**
Wo waren Sie in Ihrem letzten Urlaub? Schreiben Sie ein paar Sätze.
Sehen Sie sich noch einmal H4 an, wenn Sie ein wenig Hilfe brauchen.

H6a **This is what Molly did yesterday. Put the sentences in the right order.**
Diese Sätze beschreiben den gestrigen Tagesablauf von Molly.
Bringen Sie die Sätze in die richtige Reihenfolge.

I went to bed at ten.	☐
Then, I watched TV.	☐
I went to work at about 7 in the morning.	1
Then, I went home and made lunch for my children.	☐
I made dinner and we ate at six.	☐
I finished work at 1 o'clock in the afternoon.	☐
After lunch, I helped the children with their homework.	☐
After dinner, I read the newspaper.	☐

94 **H6b** **This is what Sheila did yesterday. Listen and complete the sentences.**
Dies hat Sheila gestern unternommen. Hören Sie und vervollständigen Sie die Sätze.

In the morning, Sheila got up late, had breakfast and ________________ .
In the afternoon, she ________________________ .
At seven o'clock, she finished work.
In the evening, she ________________________ .
At two o'clock in the morning, she ______________________________ .

H7 **Write five sentences about what you did yesterday.**
Schreiben Sie fünf Sätze über das, was Sie gestern gemacht haben.

H8 **Underline the correct preposition.**
Unterstreichen Sie die richtige Präposition in diesen Sätzen.

1. What do you do in/on/at the weekend?
2. Christmas is in/on/at December.
3. We have lunch in/on/at 12 o'clock.
4. I don't work in/on/at Monday.
5. I was born in/on/at 1968.

Online-Übungen zu dieser Unit finden Sie im Internet unter:
www.hueber.de/next
Code: XS06

H9 **Put in "at, on, in".**
Fügen Sie die Präpositionen „at", „on" oder „in" ein.

1. The English course started ____ October.
2. I went there ____ December.
3. We have English lessons ____ Thursday.
4. My birthday is ____ January.
5. The restaurant opens ____ 6 o'clock.
6. I drink a glass of wine ____ the weekend.
7. I went to the disco ____ Saturday evening.

H10a **Find the days of the week.**
Sortieren Sie die Buchstaben so, dass Sie Wochentage bilden können.

1. y d a o n m ____________
2. a d u y t r a s ____________
3. d a y s n e e w d ____________
4. y d r i f a ____________

H10b **What's missing in this sequence?**
Was fehlt in diesen Aufzählungen?

Friday, Saturday, ____________
Thursday, Wednesday, ____________
Monday, Wednesday, ____________

95 **H11a** **Listen to Saskia and look at her diary for last week. Underline what is different.**
Hören Sie Saskia zu und schauen Sie in ihren Terminkalender von letzter Woche. Unterstreichen Sie, was anders ist.

Listen again and check your answers.
Hören Sie noch einmal und überprüfen Sie Ihre Antworten.

Focus on vocabulary
on holiday – **on** business

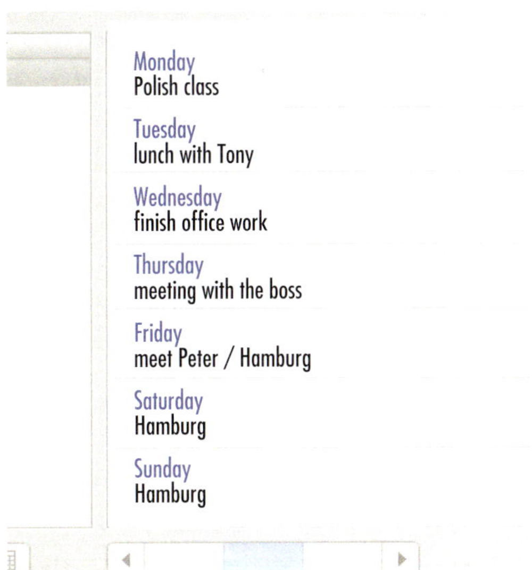

H11b **Write about Saskia.**
Schreiben Sie etwas über Saskias Wochenende.

1. On Friday, she ____________ to Warsaw on business.
2. On Saturday, she ____________ her Polish colleague.
3. On Sunday, she ____________ back after lunch.

Acknowledgements

The authors and publishers are grateful to the following copyright owners for permission to reproduce artwork, photographs, illustrations and texts. It has not been possible to identify the sources of all the material used and in such cases the publishers would welcome information from copyright owners.

Cover: *left:* © Digital Vision; *middle:* © Schapowalow/Huber; *right:* IT Free

Photos:
page 7: *left:* © Corbis/zefa/Ute Kaiser; *middle and right:* © Corbis/RF **page 8:** *1 + 2:* © superjuli/MHV; *3:* © Visum/Alfred Buellesbach; *4:* © Brunch (www.rezept-und-bild.de); *5:* © MEV/MHV; *6:* © Knorr (www.rezept-und-bild.de); *7-9:* © Esprit; *10:* © images.de/Eberhard Grames; *11:* © Arco Digital Image/R. Philips; *12:* © avenue-images/INDEX Stock
page 9: *top:* © Intro/David Ausserhofer; *bottom:* © Photodisc/MHV **page 10:** *left:* © IT Stock/MHV; *right:* © Pixtal/MHV
page 11: *Placido Domingo, Patricia Kaas, Jürgen Klinsmann und Joanne K. Rowling:* © picture-alliance/dpa; *Roger Federer:* © picture-alliance/dpa/dpaweb **Page 13:** *left:* © Bilderberg/Wolfgang Kunz; *middle:* BlueBox/Klaus Ohlenschläger; *right:* © mauritius images/age fotostock; *bottom:* © Photodisc/MHV **page 15:** *© gettyimages/Martin Rogers* **page 16:** © IT Stock Free/MHV **page 17:** © Superbild/HAGA **page 18:** © gettyimages/David Woolley **page 19:** © Pixtal/MHV
page 20: *top left and right:* © picture-alliance/dpa; *bottom left:* © Mauritius images/age; *bottom right:* © ullstein/Reuters
page 21: © gettyimages/Ffoto Fictions **page 23:** *map:* MHV/archive **page 24:** © MEV/MHV **page 25:** *left and right:* © MEV/MHV; *middle:* © bildunion/Christian Köhler **page 26:** *left:* © Photodisc/MHV; *middle:* © MEV/MHV; *right:* © superjuli/MHV **page 27:** © superjuli/MHV **page 28:** © Caro/Conradi **page 29:** © Superbild/Oredia **page 30:** *left:* © panthermedia.net/Studio 17; *right:* © irisblende.de **page 33:** © mediacolors/dia **page 34:** Foto: © Volker Derlath (mit freundlicher Genehmigung der KlinikClowns e. V., Freising/www.klinikclowns.de **page 36:** © Corbis/LWA-Dann Tardif
page 39: © laif/VU **page 41:** *left:* © gettyimages/Glen Allison; *right:* © Visum/Martin Leissl **page 42:** © picture-alliance/dpa
page 43: *left:* © Schapowalow/Huber; *middle:* © gettyimages/Thomas Tolstrup; *right:* © vision photos/Rainer Klostermeier
page 44: *bottom:* © gettyimages/Thomas Tolstrup **page 45:** © mauritius images/Photonons **page 47:** © gettyimages/Joe Cornish **page 48:** © The Body Shop **page 51:** *left:* © mauritius images/Stock Image; *middle:* © Photodisc/MHV; *right:* © Digital Vision/MHV **page 52:** *1, 2 + 3:* © MEV/MHV; *4:* © Mauritius images/Stock Image; *5:* © 2004 Tourism Queensland, Australia/The Mangum Management GmbH; *6 and bottom:* © gettyimages/David Lees **page 53:** *1-3:* © MEV/MHV **page 54:** © Image Bank Sweden/Peter Grant **page 55:** *snowmobile and hotel:* © Image Bank Sweden/Peter Grant; *snowshoe:* © Image Bank Sweden/Göran Assner; *reindeer:* © Image Bank Sweden/Wolfgang Greiner
page 56: *top:* Rebecka Howe; *bottom:* © gettyimages/Pete Seaward **page 59:** © picture-alliance/dpa **page 62:** *top:* © irisblende.de/MHV; *middle left and right:* © MEV/MHV; *bottom:* © Pixtal/MHV **page 63:** © Corbis/LWA-Dann Tardif
page 64: © picture-alliance/EMPIC **page 65:** © picture-alliance/dpa **page 67:** *top and bottom:* © MEV/MHV; *middle:* © irisblende.de/MHV **page 69:** © Visum/ASK **page 70:** © Gerd Pfeiffer, München **page 71:** © Tatonka GmbH
page 72: © Ritz Paris **page 73:** *top right:* © Schapowalow/Atlantide; *middle right:* © gettyimages/Sean Justice; *bottom right:* © picture-alliance/dpa **page 74:** *top:* © Bournemouth Tourism; *bottom:* © bildunion/Christian Köhler
page 75: *top right:* © picture-alliance/dpa; *middle left:* © picture-alliance/dpa/dpaweb; *middle right:* © Daniel L. Everett; *bottom left:* © Brunch (www.rezept-und-bild.de) **page 76:** *top left*: picture-alliance/dpa; *bottom right:* © defd
page 77: © picture-alliance/Photoshot **page 79:** © laif/Modrow **page 80:** © Pixtal/MHV **page 81:** © IT Stock Free/MHV
page 82: © Fototeca ENIT/Vito Arcomano **page 83:** © Ostkreuz/Michael Trippel **page 85:** © superjuli/MHV
page 88: © irisblende.de **page 90:** © gettyimages/Thomas Tolstrup **page 93:** *top right:* © 2004 Ontario Tourism/The Mangum Management GmbH; *middle left:* © 2004 Tourism Queensland, Australia/The Mangum Management GmbH; *bottom right:* © MEV/MHV **page 94:** *top left:* © gettyimages/David Lees; *bottom right:* © irisblende.de/MHV